MONSTRES
PARISIENS

OUVRAGES DE M. CATULLE MENDÈS

POÉSIE

Philomela.	1 vol
Hesperus.	1 —
Contes épiques.	1 —
La Colère d'un Franc-Tireur.	1 —
Odelette guerrière.	1 —
Les Poésies de Catulle Mendès.	1 —

EN PRÉPARATION

Les Outragées.	1 vol.
L'Évangile de Lazare.	1 —

ROMAN

Histoires d'amour.	1 vol.
Les Folies amoureuses.	1 —
La Demoiselle en or.	1 —
La Petite Impératrice.	1 —
Les Mères ennemies.	1 —
Le Roi Vierge.	1 —
La Divine Aventure.	1 —
Monstres parisiens.	1 —

EN PRÉPARATION

L'Amour qui pleure et l'Amour qui rit.	1 vol.
Les Bourgeois fous.	1 —
Marozia.	1 —
L'Homme tout nu.	1 —

THÉATRE

La Part du Roi, comédie.	1 vol.
Les Frères d'armes, drame.	1 —
Justice, drame.	1 —

EN PRÉPARATION

Les Mères ennemies, drame.	1 vol.

MONSTRES
PARISIENS

PAR

CATULLE MENDÈS

DEUXIÈME ÉDITION.

PARIS
E. DENTU, ÉDITEUR
LIBRAIRE DE LA SOCIÉTÉ DES GENS DE LETTRES
PALAIS-ROYAL, 15-17-19, GALERIE D'ORLÉANS
—
1882
Droits de traduction et de reproduction reservés

MONSTRES PARISIENS

MADEMOISELLE LAÏS

Paris vient d'apprendre avec stupeur l'aventure de cette intelligente et belle fille noble qui, tout à coup, comme d'un bond, est devenue une fille. Pas de transition ni d'atermoiement. La chute immédiate, directe ; un saut, du balcon, dans la rue. Le fiacre qui l'a conduite du sévère hôtel familial de la rue de l'Université à la petite maison gaie du boulevard de Courcelles, louée par une entremetteuse, a pris par le plus court. Il y a une semaine, nul n'aurait osé la désirer ; brusquement elle se livre à tous. Les plus hardis ne se seraient pas hasardés jusqu'à effleurer du souffle le bout de son petit doigt ganté ; vous pourrez, ce soir, en soupant, — si cela vous plaît et si elle vous plaît — savoir le goût du champagne sur ses lèvres.

J'avais eu l'honneur, l'hiver dernier, d'être présenté à sa famille ; je vois encore le vaste salon un peu obscur, aux murailles tendues de tapisseries anciennes, au plafond boisé de noyer noir, et, devant la haute cheminée, une grande vieille femme, maigre, en cheveux gris, qui se tient assise, le buste droit, les mains jointes sur les genoux, et salue d'une très lente inclinaison de tête.

Je fus donc impressionné tout particulièrement par cette déchéance ; la curiosité me prit d'en connaître la cause.

Son boudoir, étroit, chaud, câlin, où l'air lourd a l'odeur d'une haleine trop parfumée et presque une tiédeur de peau, allumait aux braises flambantes du foyer la soie paille des murs, des fauteuils, des poufs, déjà fripée comme une robe chiffonnée souvent, la dorure des chaises grêles et les cent verroteries des candélabres et du lustre, qui, lorsque j'entrai, se heurtèrent avec le petit bruit clair d'un chapeau chinois de cristal. Entre les deux fenêtres, dont l'une n'avait pas encore de rideaux, car les tapissiers sont pleins de défiance, ou n'en avait déjà plus, car on apprend vite le chemin du mont-de-piété, une molle chaise longue s'étendait, le dossier blanc de veloutine, avec la paresse lascive d'une couche où l'on dort le jour.

Comme je m'arrêtais, attristé, elle vint à moi, un peu défaite dans les dentelles d'un peignoir qui bâille et relevant d'une main son chignon d'où s'échappaient des boucles ; très blanche et très rose, fraîche de jeunesse et de fard, sentant la chair et le musc, plus belle, épanouie! Et, ardemment, sans être interrogée, avant même que j'eusse dit un mot, elle se mit à parler avec un emportement de triomphe dans la voix et dans les yeux.

« Eh bien, sans doute, c'est moi! Vous avez voulu voir, regardez. Je suis changée? ma foi, oui. Vous vous rappelez la demoiselle qui vous offrait une tasse de thé, en baissant les yeux? Ils sont plus beaux, mes yeux, maintenant que je les lève! Et, vous savez, vous pouvez m'embrasser, si le cœur vous en dit. Voilà ce que je suis devenue, ce que je me suis faite. Pourquoi? je veux bien vous le dire. Montrer tout ce qu'on pense, c'est encore se déshabiller. Je commence à avoir l'habitude, allez!

« Il y a peut-être des femmes qui sont nées honnêtes, je ne suis pas de celles-là. Un de mes ancêtres a épousé la maîtresse d'un roi, qui avait été chez la Fillon ; je tiens de mon aïeule. Porter sous une robe montante un corset qui vous aplatit la gorge, avoir des pantalons de madapolam qui escendent jusqu'aux chevilles, se coiffer en bandeaux plats, parler à voix basse, retenir sa respiration pour mieux rougir en disant : « oui, monsieur, » ou « non, madame, » c'est ce que j'ai fait pendant dix ans, mais je n'ai jamais pu m'y accoutumer. Je m'en allais dans ma chambre, puis, la porte fermée, je dansais en chemise, riant, criant, secouant tous mes cheveux ! Et ce que je voulais, je l'ai bientôt su, à cause des livres, qu'on lit la nuit, et qui font comprendre. Alors je me suis dit : « Soit ! » Résister? à quoi bon ? puisque je me sentais vaincue d'avance. Si j'étais restée dans ma famille, je serais tombée, un beau soir, dans les bras de quelqu'un qui aurait monté l'escalier; si je m'étais mariée, j'aurais trompé mon mari, et mon amant, et mes amants ! De faute en faute, de honte en honte, où serais-je arrivée? où je suis. Et cette lente descente, échelon par échelon, aussi infâme que la brusque chute, aurait été, en outre, hypocrite et lâche, et ne m'eût donné que d'imparfaites délices toujours troublées par la nécessité de la ruse et du mensonge, par le souci de ma réputation, par la crainte d'un mot indiscret, par l'épouvante d'être surprise ou devinée. Ce que je devais être enfin, mieux valait le devenir tout de suite, violemment, — l'audace est une espèce d'excuse ! — le devenir en pleine jeunesse, en pleine beauté, et non pas vieillie et lasse; le devenir avant que mon désir se fût émoussé à des satisfactions amères ou incomplètes, — me mettre à table avec toute ma faim. Voilà pourquoi j'ai précipité ma destinée, pourquoi je me suis prostituée, vierge ! Maintenant, étant bien perdue, étant une de ces créatures qui se donnent ou se vendent, qui, pleines d'une inaltérable joie, ruinent les familles, déshonorent les races, dessèchent les cœurs et tuent les âmes, je m'épanouis dans l'accomplissement de mon sort, dans la satisfaction de mon instinct, dans toute l'expansion de mes forces, comme le musicien ou le poète, dont la vocation fut longtemps contenue, s'apaise et se réjouit de son œuvre réalisée ! »

Elle était monstrueuse et m'épouvantait, mais pas assez, étant charmante. Je ne savais que dire ; je n'avais, enfin, ni la mission de la sermonner ni le pouvoir de la convaincre. Je balbutiai cinq ou six mots, parmi lesquels celui-ci : « l'estime ». Elle pouffa de rire.

« L'estime ? Ah ! çà, est-ce que vous vous imaginez, bonnement, que cela pouvait me suffire, l'estime ? Tenez, raisonnons. Vous faites des poèmes, des romans, ou des drames, je crois ? Pour celui de vos ouvrages où vous auriez mis toute votre pensée, toute votre passion, tout votre art, est-ce un succès d'estime que vous souhaiteriez ? ce succès qui consiste en des approbations modérées et polies, en des jugements comme ceux-ci : « Oh ! certainement, on ne peut que féliciter l'auteur de ses bonnes intentions ; ses idées, qui n'offrent rien e choquant, sont exprimées dans un langage tout à fait convenable... » Allons donc! ce que vous rêvez, ce sont les enthousiasmes et les acclamations, dussent-ils être traversés de haines et d'outrages; c'est toute la foule secouée par votre œuvre, c'est le bruit et l'immense tumulte. Eh bien! mon poème à moi, ou mon roman, ou mon drame (elle s'approchait, le peignoir plus ouvert), le voici, et je réclame pour lui tout le brouhah glorieux des admirations passionnées. Il les vaut bien, je vous le dis! Je ne veux pas plus être appelée « honnête fille », que vous ne voudriez être traité d' « honnête écrivain ». Si à l'ardent concert des louanges s'ajoutent des cris de malédiction ou des rires de mépris, qu'importe : le fracas s'en augmente!

« Êtes-vous bien sûr, d'ailleurs, que, moi et mes pareilles, on nous méprise tant que ça ? Regardez autour de vous, et entendez. Quelles sont, au Bois ou au théâtre, les voitures ou les loges que l'on désigne? Les nôtres. Quelles sont, dans les livres, dans les journaux, dans les causeries mondaines, les toilettes que l'on décrit, les beautés que l'on détaille, les mots que l'on répète? Les nôtres, les nôtres! Et l'on fait plus encore : on célèbre nos vertus. Oui, nos vertus! Nous avons été « très chic » pendant le siège, notre charité est proverbiale. Pour avoir chanté : *C'est dans l'gras du dos Qu' l'on m'enfonce une épingle*, au bénéfice des inondés du Sahara, ou : *C'est quand on cherche un' grue qu'on m'trouve,* au profit des incendiés du Pôle Boréal, la plus avérée cascadeuse est autrement louée et encensée que la brave femme suant du matin au soir à faire aller la machine à coudre pour élever un môme qu'elle a ramassé un jour, geignant dans ses langes, au coin de la rue, près du trou de l'égout. Quand l'une de nous vous informe de la mort de son père, un bien digne homme, quoique ivrogne, qui venait les samedis soirs, — les jours de paie ! — lui carotter des pièces de quarante sous dans la cuisine, on respecte, on vénère, on exalte sa douleur filiale. Nous ne sommes pas seulement les triomphantes, nous sommes les honorées ! Une fois, un poète dînait à la table d'un bourgeois ; après avoir regardé complaisamment les trois filles de l'amphitryon, il demanda au père, poliment, d'un ton d'intérêt : « Laquelle de ces jeunes demoiselles destinez-vous à la prostitution ? » Ceci n'était pas dit dans une intention de facétie ! ce poète pouvait et même devait parler de la sorte. Car, il serait fou de le contester, le métier de fille est aujourd'hui, comme d'autres métiers, une fonction sociale, reconnue utile, admise, protégée. Comme le maçon, comme l'ingénieur, comme le pharmacien, comme le banquier, — comme le soldat ou comme le prêtre, — nous avons un état, nous exerçons une industrie. Et notre métier, dans bien des cas, s'élève jusqu'à l'art! Nous sommes enfin, dans la société moderne, nous, les cocottes de Paris, venues de Pontoise ou des Batignolles, ce qu'étaient, dans la société antique, les courtisanes d'Athènes, venues de Milet ou de Lesbos. Tout cela est si généralement reconnu que les honnêtes femmes elles-mêmes, qui nous envient encore, ne nous haïssent plus; elles sentent que nous sommes, elles et nous, différentes les unes des autres, mais que nous avons le droit d'être ce que nous sommes aussi bien qu'elles ont le droit d'être ce qu'elles sont; que notre situation et la leur, diverses, sont égales et également légitimes. L'heure n'est pas encore tout à fait venue de l'estime mutuelle, de l'alliance même entre les deux espèces rivales, mais elle viendra! Déjà, quelle est donc la jeune épouse ou la mère qui hésite à passer sur les boulevards, à s'asseoir dans les jardins où le froufrou de nos longues traînes grince sur l'asphalte et roule les petits cailloux? N'avez-vous pas vu, il y a trois ans, dans une éclatante fête, à l'Opéra, les plus irréprochables grandes dames accueillir courtoisement dans leurs loges et saluer d'un sourire absolument dépourvu de dédain les belles-petites impudemment déshabillées qui montraient leurs jambes et leurs gorges pour vendre, à cinq louis la pièce, des fleurs et des programmes? »

Oh! qu'il m'eût été facile de réfuter cette abominable théorie! Mais, justement irrité de tant d'audace, je jugeai plus à propos de venger la morale outragée en humiliant l'orgueilleuse créature, en lui inspirant quelque effroi. Je parlai durement de l'avenir réservé à ses pareilles, de la vieillesse ignoble après la radieuse jeunesse, de la misère après les splendeurs, de l'abandon...

Elle m'interrompit par un nouvel éclat de rire.

« Histoires anciennes! Est-ce que celles d'entre nous qui sont vieilles ne sont pas riches? Est-ce qu'elles n'ont pas des maisons avenue de l'Opéra, des chalets à Montmorency, des rentes sur l'État? Est-ce qu'elles ne donnent pas à dîner, à danser; est-ce qu'elles ne protègent pas les artistes? Il y en a, je vous l'assure, qui dotent des rosières. Ah! c'est qu'à présent, voyez-vous, les cigales sont des fourmis; nous amassons, dans le déshonneur, comme on dit quelquefois encore, — comme bientôt on ne dira plus! — de quoi faire l'aumône aux vieilles honnêtes femmes. Mais, quand même l'antique légende des misérables dénouements ne serait pas une chimère, peu importerait. Concierge au bonnet tuyauté amoureuse d'un chat sans poils ou d'un barbet rouvieux, ouvreuse de loges, balayeuse des rues, chiffonnière aux yeux rouges et le nez noir de tabac, j'admets que je deviendrai l'une de ces laideurs; que telle est la fin logique de nos existences. Où sera le mal? N'aurai-je pas trouvé d'avance, dans tant de plaisirs et de gloire, une compensation à tant de chagrins et d'abaissement? De quel droit me plaindrais-je, d'ailleurs, de ce qui serait inévitable, nécessaire, juste? Tous les achèvements sont lugubres. C'est une loi à laquelle nul ne se dérobe. Le soldat, jeune et hardi au combat, ne sent pas son courage ralenti par l'idée que, plus tard, vieillard toussant et crachotant, il souffrira, jusqu'à la mort, de ses anciennes blessures, et la brave campagnarde qui porte sur le dos des gerbes et des sacs ou qui va laver dans la froide fontaine le linge de l'homme et des petits, ne s'inquiète guère de la paralysie ou des rhumatismes qui la cloueront bientôt sur une chaise, devant la porte, au soleil. »

Le mal était irrémédiable ; tout ce que j'aurais pu répondre n'eût été d'aucun effet. D'ailleurs ces bouches blanches et roses que forment les petits bâillements des peignoirs, sont, quoique muettes, singulièrement troublantes et persuasives. « Somme toute, me disais-je, deux heures plus tard, en descendant l'escalier, il n'y a rien de bien effrayant dans tout ceci; puisque cette malheureuse fille est, évidemment, une créature exceptionnelle. » Néanmoins, comme je suis porté à tirer de toute chose une morale, je conclus de l'aventure — en allumant un cigare — que les mères de famille feraient sagement de ne pas laisser lire tous les livres à leurs jeunes demoiselles, de ne pas les conduire trop souvent dans les théâtres où l'on joue des opérettes, et surtout de les éloigner de certaines fêtes de charité où les petites cabotines viennent quêter des billets de banque, avec des diamants dans les yeux et des diamants aux oreilles ; car ces diamants-là, trop fixement regardés, peuvent produire des phénomènes d'hypnotisme et, par suite, des névroses que le professeur Charcot étudierait avec le plus grand intérêt, mais qu'il lui serait, je le crains, difficile de guérir.

NARCISSE DANGERVILLE

Je veux te venger, triste femme, grand esprit d'artiste, grand cœur de mère, créature infâme pourtant ! Je veux te venger malgré toi-même. De la confidence que tu m'as faite, un soir que ton âme surchargée avouait son désespoir ainsi qu'un ivrogne vomit, de cette confidence, — que tu aurais bien voulu, dans ta miséricorde, r'avaler, — j'abuserai traîtreusement pour le faire haïr et mépriser, si je peux, celui par qui tu saignes de plus de blessures que n'en montrent aux dévots attendris les vierges maternelles des missels ! Ah ! pauvre vieille que tu es, pauvre vieille !

I

Certainement il est joli. Maigre et long, et grêle et frêle, plus svelte et plus fluet qu'un serin des Canaries, tellement jeune qu'il ressemblerait à un enfant s'il n'avait pas l'air d'une femme, il se dresse avec la fatuité d'une tige de lys et la roideur légère d'une lame d'acier. Charmant, atroce peut-être ! il donne l'idée d'un couteau neuf, qui reluit et coupe bien. Sous ces noirs cheveux touffus, bouclant court, presque pas de front ; à quoi lui servirait de penser ? Et, dans sa face pâle de cette pâleur déjà que laisse le fard retiré, son nez fin et dur se busque, ses beaux yeux bleus, entre les paupières grand ouvertes, nus et nuls, ne songent à rien, ses deux lèvres rouges, trop minces, ont l'air d'une blessure haineuse. D'ailleurs, bien mis, même autrefois, sous des loques empruntées, sous des habits achetés dans quelque magasin de confection des boulevards extérieurs, jamais personne n'a vu aucun grain de poussière à son coude ni à son genou, comme si des Ariels, la nuit, venaient brosser sa redingote et sa culotte ; et jamais, aux heures de la plus sombre misère, il n'a manqué de linge blanc ! puisque toujours il lui a suffi de ne rien dire pour attendrir son chemisier et convaincre sa blanchisseuse.

Tout petit, vagissant encore, quelqu'un le ramassa, un soir, sous une porte cochère. Qui l'avait laissé là ? Une mère, en passant. On ne le porta pas au commissariat de police, parce qu'il y avait un bal dans la maison, et que la concierge et les domestiques étaient occupés à regarder descendre de voiture les satins et les dentelles des invitées. Il passa la nuit, affamé, criant, sous l'escalier ; on lui avait fait une espèce de berceau d'une jardinière de Boule, encore pleine de terre, qui se trouvait là, relique du mobilier d'un locataire insolvable, expulsé. Le lendemain, la nourrice du premier lui donna de son lait, par instinct de voler le fils de son maître. Une cuisinière, qui était arrivée de Normandie six mois auparavant, et que la sage-femme d'une rue voisine, jalouse, accusait de s'être fait avorter d'après les conseils de l'herboriste, le prit en affection ; elle adorait les enfants, en souvenir peut-être du petit qui n'était pas né. Il grandit au sixième étage, dans le couloir des bonnes, où passent matin et soir des pas assourdis d'hommes inconnus, coucha tantôt dans une mansarde, tantôt dans une autre, sous des draps où la fille qui lui donnait l'hospitalité était rarement seule, mangea des reliefs de cuisine, fut habillé de vêtements volés aux bébés riches de la maison, apprit à lire dans des romans de Xavier de Montépin qu'une femme de chambre de cocotte emportait le soir dans sa chambre, grandit encore, fit les courses, alla chercher des voitures, reçut des pourboires, se rendit utile au concierge, aida à voler du bois et du vin, vola les voleurs, et, n'ayant que neuf ans, joli et blanc comme une petite fille, fut poussé plus d'une fois derrière une porte et embrassé dans le cou par de jeunes servantes dépravées et naïves qu'avaient allumées les propos gras d'un dîner de garçons ou l'entrée sans frapper dans le boudoir où Madame en corset délacé riait sous la moustache d'un ami de Monsieur.

La bouche pleine de propos sales, entendus et retenus, puis compris, l'esprit souillé, le cœur souillé, — vicié avant d'être vicieux, — il connut toutes les bassesses et toutes les envies de la domesticité ; y ajoutant je ne sais quelle rage ingrate, je ne sais quel instinct de revanche, unique héritage d'une misérable mère ou d'un père désespéré.

Très joli toujours, une cabotine, qui avait une victoria, le prit pour groom. Il dut à sa livrée de devenir coquet. Dressé sur la pointe des pieds, il mirait dans la glace du salon les boutons de cuivre de sa petite veste bleue, à moins qu'il n'eût l'œil à la serrure de la chambre où l'actrice prenait ses bains. Un matin, ouvrant brusquement la porte sans avoir remis son peignoir, elle le surprit, et pouffa de rire; elle fut moins clémente le jour où elle le vit fourrer la main dans le coffret de santal plein de bijoux nouveaux et de vieilles reconnaissances. Renvoyé, il fut, trois années durant, le gamin vagabond qui va où vont les camarades, couche dans les maisons démolies, vole des souliers aux devantures, vague dans les banlieues en fête, sert de compère aux joueurs de jeux défendus, couche au poste, est relâché, recommence sa flânerie inquiète et malfaisante. Mais, toujours, sa blouse bien serrée à la taille par une ceinture de cuir avait l'air d'une blouse neuve, et jamais il n'omit, même au péril de ne pas déjeuner, de se faire mettre, le matin, de la bandoline dans les cheveux! Plus tard, ayant grandi encore, il se lia avec les rôdeuses nocturnes du boulevard de Clichy, qui lui donnaient deux sous chaque fois qu'il les prévenait de l'arrivée d'un sergent de ville, porta de hautes casquettes, — de petits frisons pommadés dépassant la visière, un accroche-cœur, de chaque côté, mettant une apostrophe à l'oreille,—mendia des contremarques devant le théâtre des Batignolles, fit la connaissance d'un premier rôle dont il brossa les pourpoints et peigna les perruques, figura dans la *Reine Margot,* se sentit plein d'ambition, trouva cent francs dans la loge de l'ingénue qui était la mère du directeur, s'échappa, ne reparut plus aux Batignolles, préféra Montmartre à cause de la Boule-Noire, puis, d'aventure en aventure, et de plus en plus joli, — nourri, logé, habillé par une pierreuse de la rue Neuve-des-Martyrs qui lui aurait léché ses souliers plutôt que d'y laisser une tache de boue, — devint garçon d'accessoires au théâtre de la Tour-d'Auvergne (mais il portait un veston bleu-clair, collant, et une cravate rose sous un col très échancré), entendit répéter *Britannicus* et *Phèdre,* étudia lui-même des rôles tragiques, toute la soirée, en faisant les cent pas sur un trottoir tandis que la pierreuse allait et venait sur l'autre, — Hippolyte en même temps que Polyte, — et finit par donner la réplique, un matin, dans le quatrième acte des *Enfants d'Édouard,* aux élèves de M. Martel! Ce fut ce matin-là que la vieille Adèle Fleuriot vit pour la première fois Narcisse Dangerville, — un nom dont il avait pris une moitié dans la mythologie du *Tintamarre* et l'autre dans un vieux mélodrame, comme il ramassait naguère des bouts de cigares sous les tables des cafés.

II

Elle avait été illustre et belle, admirée et adorée ! C'était elle, Adèle Fleuriot, qui, pendant trente-cinq ans, avait prêté les poignants frémissements de sa voix et le charme ardent de sa beauté aux jeunes femmes amoureuses des tragédies et du drame. Elle remplaça Georges, elle égala Dorval. Il sortait d'elle une passion qui enveloppait, étreignait, domptait, matait les foules ; et, comme cette passion n'était pas de celles que des demoiselles pleines d'avenir apprennent au Conservatoire et que les élégantes sociétaires de la Comédie-Française raccrochent, le soir, après la représentation, dans l'armoire aux costumes, avec le péplum bleu des grandes reines grecques ou la robe de brocart blanc des épousées espagnoles ; comme elle était dévorée elle-même, en effet, des flammes dont elle vous incendiait, elle se précipita, aussi éperdue dans la vie qu'au théâtre, dans tous les luxes et dans tous les amours, dans toutes les joies et dans toutes les douleurs.

Acceptant qui la voulait, préférant qui l'adorait, maîtresse de dix banquiers millionnaires et de vingt étudiants pauvres, toujours enrichie et toujours se ruinant, elle fut, trente-cinq années durant, — pas un cheveu gris ! pas un sourire déformé en ride ! — l'effrénée et magnifique amoureuse, prodigue de toute elle-même, insatiable de se livrer ; et Paris, extasié de la comédienne et stupéfait de la femme, pardonnait à Adèle Fleuriot, admirait presque en elle les emportements de la luxure excusés, idéalisés par les emportements du génie !

Mais, tout à coup, — avec la soudaineté d'un changement à vue, — ce fut la vieillesse, et la laideur. Cette beauté s'évanouit, cette gloire s'effondra. Pas de crépuscule : la nuit tout de suite. L'opulence de sa grâce et sa blancheur de neige chaude s'affaissèrent dans une obésité molle et suante, où les bras s'abandonnent, lourds, où la gorge se déroule, où la lèvre pend comme un morceau de viande pâle, où les yeux, gros, s'égouttent sous des paupières pesantes, boursouflées de graisse, qui ne se lèvent plus. Avec la laideur, la pauvreté. Des représentations à bénéfice qui ne payent pas les dettes. Les meubles vendus; un garni, au cinquième, sur la cour. Puis, l'oubli, presque. « Adèle Fleuriot ? Ah ! oui ; il paraît qu'elle

a eu beaucoup de talent et qu'elle était très belle!»
Et, comme personne n'échappe aux lois fatales, elle
alla chercher du mou, pour son chat, le matin, au
marché des Batignolles, en peignoir de molleton,
sans corset, toute ballante, et portant à son bras,
par contenance, un cabas de tapisserie, où il y
avait un foulard jaune souillé d'anciennes prises et
un sale jeu de cartes qu'elle avait acheté, au rabais, dans une brasserie.

Mais ni l'artiste, ni l'amoureuse, n'étaient
mortes en elle! En voyant, si jeune et si joli,
Narcisse, en l'entendant dire les vers d'une voix
claire et fine, elle sentit tout son vieil être tressaillir, et se leva, le rideau tombé, et courut sur la
scène, et sauta au cou de l'enfant, et l'emporta
comme une folle.

III

Il serait un grand comédien! elle avait décidé
cela. Elle l'avait installé dans son taudis, l'obligeait à lire, à travailler. Il était beau, il avait une
très belle voix; que lui manquait-il? la passion et

l'art ; elle lui communiquerait l'une, lui enseignerait l'autre. Narcisse, étonné d'abord, mais comprenant l'utilité de ces leçons, se laissa faire, d'un air d'ennui cependant, sans une parole de reconnaissance, la regardant quelquefois d'un air dur. Elle ne s'inquiétait point de cela ! il fallait le prendre comme il était ; s'il se montrait un peu froid, ce n'était pas sa faute : c'était sa nature ; il devait être bon, au fond. Et puis qu'importait qu'il eût de la gratitude, ou n'en eût pas ? qu'elle fût contente ou triste, elle ? Un furieux besoin de sacrifice l'avait prise, la possédait à jamais. Elle était un professeur, avec des abnégations de mère ; tout le jour, — et, parfois, bien avant dans la nuit, — lui donnant, avec une patience passionnée, son savoir, son âme, son génie, comme une nourrice donne son lait. Ah ! elle triompherait ! elle ferait de lui un artiste superbe et glorieux ! Il est vrai qu'en attendant, — dans le logement il n'y avait qu'un lit, — elle en avait fait son amant.

Cette grâce et cette laideur, cet enfant de vingt ans et cette sexagénaire, ensemble, c'était hideux. Elle était immonde de l'avoir voulu, abjecte de l'avoir pris ; lui s'était laissé faire, encore, tranquille, avec un air fat. Accouplement monstrueux. Mais quoi ! est-ce que tous les cœurs sont vieux dans les vieilles poitrines ? Oui, elle avait soixante et un ans, et ses cheveux étaient gris, et elle avait cassé la glace de sa toilette pour ne pas voir ses rides; mais elle aimait, elle adorait! Elle était comme cela. Elle ne pouvait pas se refaire. Le mal, où était-il? ça empêchait Narcisse de courir les mauvaises filles. Et il n'était pas si à plaindre, allez. Moins jeune, on a des caresses plus savantes, plus désintéressées. Puis, enfin, il était à elle, à elle seule, personne n'avait rien à voir là-dedans, et elle pouvait bien lui demander un peu de bonheur en échange de tant de dévouement.

Mais il ne suffisait pas de l'instruire, de l'aimer; il était indispensable de le rendre heureux, déjà, en attendant qu'il fût illustre : on ne travaille pas bien lorsqu'on s'ennuie. Comme il était gourmand, comme il était coquet, — c'était naturel, à son âge! — il fallait lui faire de bons dîners, lui acheter de beaux habits. De l'argent de poche aussi, elle ne pouvait pas lui en refuser. Hélas! de l'argent, elle n'en avait pas. Les tiroirs vides, plus rien dans les armoires. Elle emprunta, elle mendia. Dès le matin, elle sortait, courait par la ville, allait chez les directeurs de jadis, chez les amants d'autrefois, attendait dans des antichambres où sa robe boueuse étonnait la livrée des domestiques, le plus souvent n'était pas reçue, obtenait cent francs quelquefois, ou un louis, ou une pièce de cent sous, revenait à la hâte, essoufflée, rompue, traînant dans la boue des bottines éculées, ne prenait pas l'omnibus, parce que, avec six sous, elle achèterait quelque chose de plus, une gourmandise qui ferait plaisir à Narcisse, rentrait, mettait le couvert, allait réveiller le jeune homme, et lui faisait une vieille risette en disant : « Je t'ai rapporté deux cailles, c'est un peu cher, mais puisque tu les aimes ! » En même temps, elle lui montrait une belle cravate rose qu'elle avait trouvée, sur son chemin, dans un magasin de soldes, une occasion. Généralement il ne trouvait pas la cravate à son goût ! A table, — « elles ne sont pas fraîches, ces cailles, » disait-il, — elle ne mangeait pas, bien qu'elle mourût de faim ; songeant au repas du soir. Et, jamais, pendant quatre années, il ne lui dit : « merci ! » Un « c'est bien, » rarement. Il acceptait, comme jugeant qu'elle était obligée d'offrir. Quelquefois même il était féroce. Lorsqu'il voulait sortir et qu'il lui fallait de l'argent pour aller avec des camarades et qu'elle était revenue sans un sou, il lui parlait durement, l'injuriait. « Pourquoi était-elle venue le chercher ? Ah ! bien, il se fichait joliment de ses conseils et de ses leçons. Il aurait trouvé un autre professeur, probablement, avec le talent qu'il avait ! Puis, ces leçons-là, il les payait assez cher, hein ? en se laissant embrasser par elle. Elle se croyait ragoûtante, peut-être ? » Une fois même, il la battit parce qu'elle avait hésité à lui donner sa dernière robe qu'il voulait porter au mont-de-piété ! Mais elle ne se plaignait pas ; souriait, même battue : « Il avait raison, il faut bien s'amuser quand on est jeune ; » et ne pleurait jamais, que quand il n'était pas là. Quatre années d'absolu sacrifice, d'abnégation parfaite, sublime! Un soir qu'elle lui avait donné cinq francs pour aller dîner au restaurant, — cinq francs volés peut-être, — quelqu'un la rencontra sur le boulevard Rochechouart, en haillons, chétive, maigre, car elle avait maigri; elle marchait en chancelant, l'air d'être ivre, s'arrêtait parfois devant l'un des petits arbres; celui qui l'avait rencontrée s'approcha, l'observa : elle arrachait l'écorce de l'arbre, et la mangeait !

IV

En me racontant cette abominable histoire, elle sanglotait, Adèle Fleuriot. Je lui demandai :

— Et maintenant ?

— Maintenant il est célèbre! reprit-elle en relevant joyeusement le front. Il a débuté à la Comédie-Française, il y a deux ans, vous vous souvenez?

Quel succès ! On disait : c'est Talma jeune. Ma joie, non, vous ne pouvez pas l'imaginer. Quand il a été rappelé pour la troisième fois, il m'a semblé que j'allais mourir de bonheur. Je riais, je pleurais, j'étais folle. Ah ! j'ai eu un peu de chagrin aussi, parce que, ce soir-là, je n'ai pas pu l'embrasser. Il était dans sa loge, avec une femme ; il ne pouvait pas me laisser entrer. Puis, après, il a été méchant pour moi, encore ; il n'a jamais voulu me recevoir dans l'appartement qu'il avait loué. Seulement il vient chez moi, quelquefois, quand il a besoin d'argent.

— Besoin d'argent ?

— Eh ! oui. Tout n'est pas rose dans les commencements, même quand on a réussi. Les théâtres vous payent si peu, d'abord ! Enfin il est souvent gêné. Alors, il s'adresse à moi, naturellement, et je fais ce que je peux. Ces jours-là, je suis bien contente. Mais c'est surtout quand il fait des tournées en province qu'il se trouve dans l'embarras, de temps en temps. Tenez, en ce moment, il est en congé. Il donne des représentations à Bordeaux. Oh ! il a beaucoup de succès ! mais la saison est mauvaise, petites recettes : il a été obligé de m'écrire qu'il ne lirait plus celles de mes lettres où il n'y aurait pas d'argent dedans.

J'eus un frisson.

— Cela m'a fait de la peine, ce mot-là, je vous assure, car, voyez-vous, dans les lettres que je lui envoie, je mets toute ma tendresse, toute ma vie; et ce que je lui écris le ferait penser à moi avec un peu de pitié et de douceur! Heureusement, j'ai trouvé un moyen : quand je n'ai pas un billet de banque à fourrer sous l'enveloppe, eh bien, je charge tout de même la lettre, et, de cette façon, vous comprenez, il est bien obligé de la décacheter !

— Mais il ne la lit peut-être pas, pauvre femme?

— Oh! si, répondit-elle avec un sourire où il y avait de la reconnaissance; quand il a pris la peine de l'ouvrir, il la lit, parce qu'il est bon, au fond.

ROSE FLAMAN

I

Vers la fin du souper, quelqu'un, baissant la voix, dit à l'une des filles :

— Qu'a donc Rose Flaman, ce soir ? Elle rit avec fureur ; et, en riant, elle montre des dents qui ont l'air de vouloir mordre.

La fille se renversa sur le dossier de sa chaise, et répondit derrière l'éventail :

— Comment ? vous ne savez pas ? Son amant a

été condamné aujourd'hui par la cour d'assises. C'est ça qui la rend nerveuse ; et puis elle a bu pour s'étourdir.

Rose Flaman entendit. Elle remplit de chartreuse verte un verre à bourgogne, qu'elle vida d'un seul trait ; et les coudes sur la nappe, les mains dans les cheveux et les ongles dans la peau des tempes, très rouge, suante, les yeux écarquillés, — belle cependant, car aucune émotion ne pouvait altérer la parfaite splendeur de son visage ! — elle se mit à discourir violemment, comme dans l'ivresse d'un contentement féroce.

« Eh ! bien, oui, condamné. A vingt ans de travaux forcés. Je vois que vous savez la chose. Après ? Est-ce que c'est ma faute, ce qui est arrivé ? Si quelqu'un doit se plaindre, c'est moi. J'ai été compromise à cause de cet imbécile. On m'a fait venir chez le juge d'instruction. Je l'ai échappé belle, allez ! Et il m'a fallu paraître devant la cour pour témoigner. C'était amusant, dans une affaire comme celle-là. Aussi je l'ai chargé tant que j'ai pu, pour me venger, et par prudence. Dame, vous comprenez, charité bien ordonnée ne commence pas par les autres. Lui, il m'a laissé dire, n'a pas osé me démentir. Il détournait la tête, rougissait, pleurait presque. Un enfant ! pas de force de caractère pour deux sous. Ouf ! c'est fini. Vingt ans. Je n'entendrai plus parler de lui. Mais vous verrez que cette affaire me fera du tort. On a des préjugés à Paris. Il y a les étrangers heureusement, qui ne savent pas. C'est égal, il fera chaud quand on m'y reprendra, à être la maîtresse d'un artiste !

« Je vais vous dire toute l'histoire.

« Il y a cinq ans, lorsque Valentin est venu chez moi pour la première fois, il était tout jeune. Il paraît qu'il était déjà célèbre. Il faisait des statues, des groupes, en marbre et en bronze ; des femmes nues, et des hommes avec des casques, qui levaient les bras pour se battre. Des gladiateurs, comme on dit. Il faisait aussi des gravures, — des tableaux sans couleur d'après d'autres tableaux. A cause de tout ça, on parlait beaucoup de lui, et on lui avait donné des médailles à l'Exposition. Moi, je ne le connaissais pas le moins du monde, mais il m'expliqua sa position tout de suite. Il me dit aussi que j'étais belle comme pas une ; que, pour m'avoir vue à la Porte-Saint-Martin où je jouais alors le rôle de la fée Aventurine, — un chic costume, vous vous rappelez ? — il était devenu à peu près fou. Et des phrases comme ceci : « En moi, l'artiste vous admire, et l'amant vous adore. » Son idéal enfin ! Et, si je voulais bien lui servir de modèle, souvent, et l'aimer, quelquefois, il serait le plus grand des sculpteurs et le plus heureux des hommes. Ah ! si j'avais pu prévoir la fin, c'est moi qui vous l'aurais flanqué à la porte, en deux temps.

« Les premières semaines, je ne m'ennuyai pas

trop. Je venais à son atelier presque tous les jours, avant l'heure du Bois, et je posais sur une estrade de velours rouge, pour une Vénus guerrière, à ce qu'il disait. Rien que mes cheveux, et un bouclier dans la main gauche. Très fatigant ! Mais j'étais flattée — on est si bête ! — de l'entendre s'écrier que j'étais plus parfaite et plus triomphante que les déesses de l'ancien temps ! que des héros, pendant dix ans, s'étaient entre-tués pour une femme qui n'aurait pas été digne seulement de se mêler à la foule de mes servantes ! Quelquefois il se levait, s'élançait vers moi, m'emportait entre ses bras durs et gris de terre glaise, — je n'aimais pas bien ça, parce que je suis propre, avant tout, moi, — ou bien il s'agenouillait, les bras vers le plafond, les yeux pleins de larmes, en extase, et récitant des mots comme dans les tragédies. Je riais, il n'était pas comme les autres. Puis, il devait exposer la statue, et m'avait promis de faire mettre mon nom dans les journaux.

« Bref, pendant deux mois, ce fut assez gentil. Mais voilà qu'un soir, il s'avise d'arriver chez moi, sans prévenir. Justement j'étais avec un monsieur de Bruxelles, — un magistrat qui venait me rendre visite pendant les vacances. Vous auriez eu peur, je vous assure, si vous aviez vu Valentin ! Tout pâle, avec des yeux tout rouges ; et sa poitrine battait comme celle des acteurs dans les drames. Il empoigna une chaise et l'agita dans

l'air, furieusement, en sifflant, les dents serrées :
« Sortez, monsieur, sortez ! » Le Belge, naturellement, ne demandait pas mieux ; mais il ne trouvait pas son chapeau, qui était derrière la toilette. Il mit la main dessus, enfin, et s'en alla ; seulement, avant de partir il me regarda d'un air de pitié, et me dit qu'il me plaignait fort d'avoir une pareille liaison, qu'il n'en résulterait rien de bon pour moi. Il avait joliment raison, celui-là !

« Moi, j'avais été saisie par l'arrivée de Valentin, et, d'ailleurs, je n'aurais pas voulu lui faire une scène devant du monde. Mais, dès que nous fûmes seuls, je lui dis ce que j'avais sur le cœur ; que sa conduite était ridicule, et qu'il était un homme mal élevé ; qu'il m'avait donné deux ou trois mille francs en deux mois, et qu'une femme ne vit pas de l'air du temps ; que cela ne me faisait pas des rentes de poser pour la Vénus guerrière, et que je ne pouvais pas me brouiller avec des gens qui étaient sérieux, pour être agréable à un artiste. Enfin, tout ce que je devais lui dire ! Mais lui, pendant ce temps-là, il pleurait à chaudes larmes, — comme devant les juges, ce matin ; un vrai enfant, toujours ! — et il finit par me répondre, en me regardant tristement : « Vous êtes bien infâme, — c'était du toupet, cela ! — mais je vous adore, et je ne pourrais pas exister sans vous. A partir d'aujourd'hui, je me charge de toutes vos dépenses. Dieu merci, je gagne assez d'argent pour que vous n'ayez pas besoin de me tromper. »

« De l'argent, oui, il en gagnait, pas mal. Et je dois dire, — car je suis franche, avant tout, — qu'il se donnait beaucoup de peine. Comme ce n'est pas facile de vendre des statues, il se mit à travailler pour le commerce; il faisait des dessus de pendules, des lampes, des candélabres. Le soir, toute la nuit quelquefois, il gravait pour des marchands d'estampes et pour des journaux. En somme, de quoi payer le terme de l'appartement où il m'avait menée loger avec lui, et de quoi manger. Mais, je vous le demande, est-ce que je pouvais vivre ainsi, moi? J'avais eu voiture, tiens! et, maintenant, quand je sortais, des fiacres. Avec ça, habillée comme une petite bourgeoise. Peu à peu, je me dégoûtai de lui. Parce que je voyais bien que c'était un égoïste, et qu'il ne m'aimait pas. S'il m'avait aimée véritablement, est-ce que ça ne lui aurait pas crevé le cœur de voir que je n'avais que trois ou quatre robes, que je portais des chapeaux de cinquante francs? Est-ce qu'il n'aurait pas compris, lui-même, sans se le faire dire, que j'étais trop jeune et trop belle pour continuer une pareille vie? Eh! mon Dieu, nous aurions pu rester amis; il serait venu me voir de temps en temps. Mais non, il me voulait tout entière, pour lui tout seul; et ça lui était bien égal que je fusse malheureuse comme les pierres. Même quelquefois il se plaignait d'être obligé de faire du

« métier », comme il disait ; d'avoir renoncé à l'art. Enfin, des reproches. C'était trop fort ! Est-ce que je n'avais renoncé à rien, moi ? Ah ! les hommes sont tous les mêmes. Ils trouvent parfaitement naturel qu'on se sacrifie pour eux, mais, quand il leur arrive de faire pour nous le plus petit sacrifice, il nous le font joliment sentir, allez ! A la fin, son ingratitude me mit en colère, et, une fois qu'il m'avait donné deux billets de cinq cents francs pour payer ma couturière, — il m'avait dit : « les derniers ! » avec un air de les regretter, — ma foi j'éclatai pour tout de bon ; je lui jetai au nez, carrément, qu'un homme est une canaille quand il garde une femme sans avoir de quoi la rendre heureuse; qu'il faisait bien de l'embarras pour deux pauvres billets de banque; que, s'il n'en avait plus, il pouvait en faire, puisqu'il était graveur; et que, décidément, j'en avais assez, de traîner la misère pour ses beaux yeux. Je crus qu'il allait me tuer ! « Misérable ! » cria-t-il, et il me jeta dans l'escalier, en me poussant par les épaules. Un joli monsieur, comme vous voyez. Car, voyons, je vous fais juges, qu'est-ce que j'avais dit de mal ?

« Pour le coup, je crus qu'il me laisserait en repos, que j'étais débarrassée de lui. Ah ! bien, oui. Je devais être sa victime jusqu'au bout.

« Un beau matin, — j'habitais rue Saint-Georges depuis quinze jours, — il tombe dans mon boudoir au moment où je mettais mon chapeau pour aller aux courses; il me saute au cou, sanglote en m'embrassant, et me crie : « Fais tes malles ! Nous partons pour l'Italie ce soir même ! Tiens, tiens, regarde, je suis riche ! » Il avait tiré de sa poche un grand portefeuille et lançait en l'air des liasses de billets. Vous pensez si je fus étonnée ! « Tu as donc hérité, mon petit homme ? — Eh ! non, répondit-il en éclatant d'un mauvais rire ; tu m'as conseillé de faire des billets de banque, j'en ai fait ! » Naturellement, je ne crus pas un mot de ce qu'il me racontait là. J'avais dit je ne sais quoi, dans la colère, quinze jours auparavant ; est-ce que cela signifie quelque chose, une parole dite comme ça, en l'air ? Pour sûr, il avait fait un héritage. Et puis, d'où provenait son argent, je n'avais pas à le rechercher, moi. Ça ne me regardait pas ! Il ne faut pas être indiscrète. Je m'assis sur ses genoux et je lui dis dans l'oreille que j'étais bien aise de le voir raisonnable : il s'était rendu compte, — mieux valait tard que jamais, — qu'il faut être riche pour aimer des femmes comme nous ; à la bonne heure ; et, comme je n'avais jamais su lui dire non, comme je faisais toujours ses quatre volontés, j'étais toute disposée à partir avec lui. Ah ! pendant trois ans, en Italie et en Autriche, ce fut une belle vie, vrai ! Un prince et une princesse en voyage, c'était nous ! Seulement Valentin m'agaçait parce qu'il me traînait toujours dans tous les musées et que, souvent, il restait, des jours entiers, maussade, morne, sans dire une parole. J'eus bientôt envie de revenir à Paris. Je ne me tenais pas de joie à l'idée que, riche comme il était, il m'achèterait un hôtel, des chevaux, des voitures. Une fière désillusion, mes enfants ! Nous n'étions pas à Paris depuis vingt-quatre heures que Valentin était arrêté, dans la rue. Un faussaire ! c'était un faussaire ! Il avait fait et mis en circulation, en France et à l'étranger, pour trois cent mille francs de faux billets de banque. L'héritage n'était qu'une frime. Il m'avait indignement trompée. Et il a failli m'entraîner dans sa perte, l'animal ! Aussi, tant pis ! tout ce que je savais sur son compte, je l'ai dit aux juges, et il ira au bagne ! Vous m'avouerez qu'il ne l'a pas volé. »

Quand Rose Flaman eut achevé cet abominable récit, les hommes se levèrent ; et les femmes, elles-mêmes interdites, cherchaient leurs manteaux sur la console, en silence.

Cependant, un de ceux qui avaient soupé, — un étranger, un Russe — demanda :

— Ce Valentin, madame, est-ce Valentin Lignerac ?

— Justement, Lignerac.

— Un grand artiste ! J'ai toujours désiré posséder quelqu'une de ses œuvres.

— Comme ça se trouve ! s'écria Rose Flaman, l'œil allumé. J'ai chez moi deux statuettes qu'il a faites autrefois ; un Daphnis et une Chloé. Je veux bien vous les vendre, si vous y mettez le prix. Dame, écoutez donc, ça m'a assez coûté, de le connaître, pour que ça me rapporte quelque chose, enfin !

LE MARI DE LEO

Cet homme, vous le connaissez, — non pas personnellement, grand Dieu! — et vous le méprisez. Je vous dis qu'il faut le plaindre aussi. Car, s'il est le plus abject des monstres, il est en même temps le plus torturé des martyrs. Happé, pressé, mordu, comme entre deux mâchoires d'étau, par deux passions également implacables, son espèce d'affreux cœur crève et saigne. Ah! l'infâme! Ah! le malheureux!

I

Léonie ou Léonor? Léopoldine peut-être, ou bien Léocadie? On ne sait guère. C'est Léo qu'on la nomme. Partout. Sur les boulevards comme dans les coulisses, sur les affiches qui annoncent sa rentrée comme dans les billets qui lui proposent des rendez-vous. Et ce nom farouche et joli, fauve et parisien, qui rugit en riant, ajoute à sa toute espiègle et mignonne personne on ne sait quel air de bravoure pimpante; c'est comme, en carnaval, une coiffe empanachée de guerrier sauvage sur les cheveux fous d'une petite fille.

Adorable, elle est adorée. Toute câline, inclinant la tête, fermant à demi ses yeux tendres, renflant son petit cou rond, montrant à la hauteur des épaules les paumes grasses de ses mains à fossettes, elle a une façon de chanter faux les grivoiseries les plus stupides, qui extasie le libertinage des sots; on entend bruire, de l'orchestre aux troisièmes galeries, un frémissement sourd de plaisir, on voit se roser doucement, comme une joue de vierge, l'ivoire lisse des crânes les plus chauves, lorsque, après avoir traversé la scène à reculons avec les vifs petits pas d'une souris qui trotte, elle se retourne dans un secouement de jupe, et offre à tous, un peu penchée, la bêtise exquise de son sourire !

Afin de le voir de plus près, ce sourire, des fils de famille ont signé en travers de lettres de change le nom de leur père ou de leur oncle, de vieux gentilshommes ont vendu la terre et le château qui étaient la dot de leur fille, des marchands de grains ont fait sur leur grand-livre des ratures que le juge d'instruction n'a pas approuvées, des princes et des rois obsédés par le souvenir d'une photographie ont affronté le séjour d'une capitale républicaine. Et c'est pourquoi la petite Léo, célèbre et même illustre, — car elle eut un jour la gloire de fournir une rime à un poète ! — habite un hôtel de marbre rose-thé, bâti par Charles Garnier lui-même; couche entre des rideaux d'alençon, sur des matelas de soie grège — car la soie grège est plus molle — qu'on recueille pour elle seule dans les magnaneries du Mikado; porte un seul jour les toilettes qu'un couturier de génie a mis six mois à concevoir et six semaines à faire exécuter; se renverse, un griffon d'Écosse sur les genoux, emportée par trois steppeurs en flèche, dans une victoria à ses armes, — un joli bûcher de roses flambantes, avec cette devise : *Caleo;* ne paie jamais moins de cinq louis les bouquets de deux sous que lui offrent les petites bouquetières du Bois, et attache à ses oreilles non point des diamants du Cap ou des rubis douteux, mais de miraculeuses grappes de perles roses ou noires, qu'elle pourrait perdre sans tristesse ! car elles lui seraient certainement rapportées, comme à Mme Judic, par quelque vieille brave femme, en coiffe d'indienne, en souliers à clous, qui vend, rue Marcadet, dans une voiture à bras, le poisson de Polycrate.

Si cette existence l'amuse ou seulement l'intéresse,

tout le monde l'ignore; peut-être l'ignore-t-elle autant que les autres; elle s'y abandonne, voilà tout, avec une nonchalance irréfléchie, avec une niaiserie souriante, qui n'a jamais pensé qu'on pourrait dire non. L'eût-elle choisie, elle-même? C'est possible, c'est douteux. Elle a laissé faire le hasard, et son mari.

Oui, son mari.

C'est lui qui a voulu que Léocadie fût Léo! C'est lui qui traite avec les directeurs de théâtre, promet des jupes plus courtes en échange de plus forts appointements, reçoit des feux pour les rôles travestis; qui loue des avant-scènes et les envoie aux étrangers riches signalés par des garçons d'hôtel; qui se met en relation avec les courriers des altesses en voyage et cause chez le concierge du théâtre avec les vieilles chargées d'apporter des bouquets ou des écrins; qui s'informe, décide de ce qu'il y a à faire, répond aux lettres quand cela est utile, car il a appris à contrefaire l'écriture de sa femme trop sotte pour graduer les refus hésitants qui, peu à peu, promettent, et, d'ailleurs, absolument dénuée d'orthographe; c'est lui enfin qui, après avoir fixé le prix, consent aux visites, assigne les rendez-vous, autorise les soupers en indiquant les restaurants où des redevances lui sont payées.

Et cependant, entendez bien ceci! cette femme qu'il offre et qu'il vend, cette femme qu'il mettrait aux enchères s'il y avait un hôtel Drouot pour les lèvres roses et pour les belles épaules, il l'aime! Il l'aime, vous dis-je! et il en est effroyablement jaloux.

II

Avant-hier, un peu après minuit, le mari de Léo allait et venait le long des maisons, dans l'avenue de Penthièvre. Il s'arrêtait par instants en face d'un hôtel où deux fenêtres, au premier étage, étaient éclairées, toutes roses. Alors, il frappait du pied, violemment, portait à sa bouche ses deux poings fermés, qu'il mordait. Passant par là, vous auriez vu, sous la nappe de douce lumière qui coulait des croisées, de convulsives grimaces de colère lui secouer la peau de la face, et de grosses larmes, par sursauts, lui jaillir des yeux. Tout à coup, se prenant la tête à deux mains, il sanglotait, la poitrine battante. Puis il se remettait à faire les cent pas, le front bas, et tordant ses doigts entrelacés.

Vers trois heures du matin, un homme sortit de l'hôtel. Le mari de Léo se précipita, se fit rouvrir, à grands coups de sonnette, la porte à peine refermée, monta quatre à quatre l'escalier et entra furieusement dans la chaude et claire chambre nocturne, où sa femme, en peignoir, les cheveux défaits, se regardait les dents dans la glace, entre les reflets tremblants des bougies.

Il courut à elle, l'empoigna par les épaules, cria :
— Misérable! tu es une misérable! C'est à cause de toi que je souffre comme un damné. Je te déteste! Je voudrais t'étouffer, t'étrangler, t'écraser. Oh! je te tuerai, tu sais, il faut que je te tue!

Il la secouait, les traits torsionnés, la rage aux dents.

Elle sourit, — son joli sourire des féeries! — écarta d'une main les fins cheveux qui lui volaient sur les yeux, et, de l'autre, montra un petit portefeuille en cuir de Russie au coin de la cheminée.

Il le saisit, l'ouvrit, compta quelques billets de banque, les fourra dans la poche de son pardessus; puis, tombé à genoux, défaillant, blême, avec un tremblement de tout le corps, il fondit en larmes désespérées.

— Oh! c'est affreux! Léo, ma Léo! Si tu savais ce que je souffre! Je t'aime tant! Et dire qu'un homme était là, tout à l'heure, qu'il te tenait entre ses bras! Quelle soirée! quelle nuit! J'attendais en bas, devant la porte. Il me semblait que j'avais des griffes de bête, partout, qui me déchiraient la cervelle, le cœur, le ventre. Ce n'est pas croyable qu'on puisse supporter ça sans crever. Et tu ne me plains pas, tu ne me consoles pas. Moi qui voudrais t'enfermer, toute seule avec moi, dans un trou de campagne! Rien qu'à voir les autres te regarder, au théâtre, quand tu as les bras nus, je deviens fou. Et ce soir, dans cette chambre... Oh! mon Dieu! Oh! mon Dieu! Vois-tu, vivre ainsi, ce n'est pas possible. Je veux me noyer, me jeter d'un quatrième étage. Je suis trop malheureux! J'aime mieux mourir, mourir, mourir!

Et, cramponné à un fauteuil, les ongles dans l'étoffe, il frappait du front le bras sculpté du meuble, frappait, frappait à se rompre le crâne.

Mais, malgré la sincérité de ces abominables angoisses, il la vendra demain, comme il la vend aujourd'hui, comme hier, il l'a vendue. Parce qu'il aime, autant qu'il aime sa femme, l'argent! Parce qu'il lui en faut encore et encore, toujours; parce que, ayant trois maisons, il en veut six, et qu'ayant acheté de la rente, il veut acheter de l'emprunt. En même temps que le jaloux, il est l'avare! Chaque fois qu'il la verra sourire à un amant, il sentira des tenailles lui agripper le cœur, et il dira à Léo de sourire encore ; chaque fois qu'il la verra sortir pour aller à un rendez-vous, tout son sang, d'un bond de colère ou de désespoir, lui gonflera le cou à l'étouffer, et il dira à Léo : « Va! » O monstre impitoyablement châtié par soi-même! Et ce supplice durera jusqu'au jour, prochain peut-être, où, affolé d'avoir livré une fois de plus celle qui est si jolie et qu'il voudrait pour lui seul et qu'il adore si éperdument, il se logera une balle dans la tête! Mais, la veille, pour acheter le revolver, il aura prostitué encore le cher sourire bête de sa petite Léo.

MADAME DE PORTALÈGRE

La peste est redoutable, oui ! Mais pour toutes les épouses et pour toutes les jeunes filles, Mme de Portalègre est cent fois plus redoutable que la peste. Tu es marié ? Eh bien, écoute et suis ces conseils : s'il t'arrive, étant à l'Opéra avec ta femme, de voir entrer Mme de Portalègre dans une loge voisine, lève-toi, et demande les manteaux, et sors immédiatement du théâtre, sans même permettre à celle qui porte ton nom de jeter un dernier coup d'œil dans la salle ; au Bois, si tu remarques que la voiture de Mme de Portalègre suit d'un peu trop près celle où tu es assis à côté de ta femme, n'hésite pas, crie au cocher : « A l'hôtel ! vite ! à l'hôtel ! » et si, un jour, rentrant chez toi, tu trouves Mme de Portalègre riant et jacassant avec ta femme, dans le boudoir, alors, ô mari! oublie toutes les convenances, répudie toutes les courtoisies, et, brutal comme un charretier ivre, prends Mme de Portalègre par le bras et flanque-la à la porte ; cela te vaudra de passer pour un malotru, d'être expulsé de ton cercle, d'avoir, en huit jours, quatre duels; mais tu pourras du moins te croire à peu près sûr, — à peu près, car il ne faut jurer de rien, — que ta femme n'ira pas, le lendemain ou le soir même, souper en belle et mauvaise compagnie dans quelque cabaret doré, et n'écrira pas son nom entre ceux d'Anatoline Meyer et de Rose Mousson, sur les miroirs d'un cabinet particulier, ces registres nocturnes des adultères au champagne.

Car les contagions émanent de Mme de Portalègre comme un parfum sort d'une rose.

D'autres se montrent aussi perverses qu'elle. Être effrénées et dépravées : tromper leurs maris, et leurs amants, ruiner ceux-ci, après ceux-là; ne pas s'étonner d'une grande dame éprise de son valet de chambre, ni des pâles filles, brune et rousse, qui se parlent bas, dans les petits théâtres, derrière le treillage des baignoires, en regardant tourner sous la lumière électrique les maillots roses des ballets; avoir des curiosités étranges, et les satisfaire : attendre en coupé, la nuit, après la première d'une revue, devant la sortie des artistes, une réponse à des signes ou à quelque lettre, entrer, la voilette levée, dans des boudoirs où se fane sur la cheminée un bouquet qu'elles ont envoyé la veille, savoir des adresses de bouges, que l'on dit tout bas, et qu'elles disent au cocher tout haut; cela, d'autres le peuvent, comme Mme de Portalègre. Mais il n'en est pas une qui soit, au même degré qu'elle, dangereuse et fatale. Pourquoi? parce qu'elle est adorablement élégante et jolie, et précieuse, et exquise; parce qu'elle porte un des plus beaux noms de France et qu'elle a quatre cent mille francs de rente et un million de dettes; parce que, sous l'un des derniers règnes, si jeune alors, affolée et affolante, inventant des plaisirs et des fêtes, réalisant des chimères, mettant la toute-puissance au service du tout-désir, elle a été l'une des deux Amies, — c'était Mme de Soïnoff qui était l'autre; parce qu'elle est encore la plus délicieuse en même temps que la plus vile, la plus illustre en même temps que la plus infâme !

Mme de Portalègre, c'est le mauvais exemple, charmant, éclatant, célèbre, — irrésistible.

En outre, elle a ceci d'effrayant qu'elle n'est pas inconsciente de son pouvoir; elle le connaît et se divertit à l'exercer; elle a désiré le mal qu'elle fait. Une colère peut-être de se sentir coupable, — car il n'est pas de consciences tout à fait mortes ! — la pousse impérieusement à vouloir que toutes soient coupables autant qu'elle. Se méprisant, elle a besoin de mépriser les autres; corrompue, elle corrompt pour avoir des pareilles. Chaque chute qu'elle cause la console d'être tombée, apaise le vague remords qu'elle a. « Je ne pouvais pas être une honnête femme, puisqu'il n'y a pas d'honnête femme ! » Elle s'innocente par le crime des autres, et leur ignominie lui rend une espèce d'honneur.

I

Un jour de l'hiver dernier, vers midi, revenue de je ne sais quelle cérémonie à l'église de Saint-Philippe-du-Roule, elle était assise devant la cheminée, chauffant ses petits pieds aux braises, la tête renversée sur la soie du fauteuil, retirant ses longs gants avec un geste las, songeuse.

Agenouillé près d'elle, les coudes au bras du fauteuil, M. de Lurcy-Sevi la regardait de tout près, ravi de voir trembler sous son haleine le petit duvet d'or blanc qu'elle a sous le menton.

Elle dit, sans lever la tête, d'une voix lente, qui s'ennuie :

— C'était Mme de Lurcy-Sevi, n'est-ce pas, cette petite femme maigre, assez jolie, en noir, qui se tenait dans l'un des bas-côtés de l'église?

Il répondit, gêné, en détournant son front où se plissèrent des rides :

— Oui, je crois, c'était elle.

Alors elle se dressa violemment, prit un vase du Japon sur la cheminée et le brisa en vingt morceaux contre la tête de lion d'un des grands chenets de cuivre.

— Eh bien, mon cher Raoul, il faut en finir aujourd'hui même ! Faites-moi le plaisir de sortir de chez moi et de n'y plus mettre les pieds.

Il pensa qu'elle voulait rire ; mais elle était très pâle, avec des yeux durs, où flambe une colère, et, comme il l'adorait, il trembla, il fut lâche.

— Oh! dit-il, toujours agenouillé et tendant les bras vers elle, vous dites cela pour me faire peur, j'en suis sûr! Vous n'êtes pas jalouse, il est impossible que vous soyez jalouse. Vous savez bien que je n'aime pas ma femme, puisque depuis trois années tout mon amour est à vous! Mais songez donc que je connais à peine Mme de Lurcy-Sevi, que je ne l'ai jamais regardée, — comme je te regarde, toi! Vous dites qu'elle est jolie ? c'est possible ; je n'en sais rien. C'était une enfant quand on nous a mariés. Elle ne pouvait pas m'aimer, si jeune, et moi je vous adorais déjà. Tout ce que vous avez ordonné, ne l'ai-je pas accompli, fidèlement? Informez-vous, interrogez, je ne vous en empêche pas. La chambre de ma femme et la mienne sont séparées par tous les appartements. Je lui rends visite quelquefois, dans le salon où elle reçoit ses amis, qui ne sont pas les miens. Et je dîne au cercle, et j'y passe mes soirées, quand vous ne m'ouvrez pas votre porte. Réfléchissez à tout cela, ne me renvoyez pas, ne me brisez pas le cœur. Vous êtes aussi cruelle de me faire du mal que folle d'être jalouse !

Elle allait et venait dans la chambre, crispant ses longs doigts grêles.

— Je la hais, votre femme ! et, à cause d'elle, je vous déteste. Pourquoi s'habille-t-elle de noir, et si simplement, comme une bourgeoise en deuil ? Vous êtes riche pourtant, et elle pourrait avoir les toilettes de son monde. Non, des robes de dix louis. Comme une femme d'employé. Et pas de diamants. Pourquoi ? Eh ! je le sais bien : parce je suis la femme la mieux habillée de Paris, et que j'ai pour trois cent mille francs de bijoux !

Il ne comprit pas d'abord. Il répondit :

— Mme de Lurcy-Sevi a des goûts très simples...

— Qui font ressortir mes goûts de dépense et de luxe ! Ah ! le jeu qu'elle joue, ce n'est pas d'aujourd'hui que je le vois, allez. Elle est victime, elle se résigne. Avouez qu'elle ne se plaint jamais, qu'elle est seulement un peu triste, avec des sourires languissants, les yeux baissés ? Et toujours, sur les lèvres, un muet : « Comme il vous plaira, mon ami ? » J'en étais sûre. Elle s'humilie, elle, votre femme, pour m'humilier, moi, votre maîtresse. Elle veut avoir le monde pour elle ! le plan est adroit. Plus je brille, plus elle s'éteint. Le contraire de ce que je fais, elle le fait, pour qu'on établisse des comparaisons. Le matin, elle à la messe, pendant que je suis au Bois. A l'heure où j'essaye des robes chez mon couturier, elle fait ses visites de charité, en waterproof, dans les faubourgs. Elle va à vêpres, le dimanche du Grand Prix ! et comme tout le monde sait que je sors du bal à trois heures après minuit, elle se couche dès qu'il fait sombre, après avoir fait ses prières devant sa femme de chambre édifiée ! D'ailleurs peu de relations dans le monde. De vieux amis seulement, des amis de sa famille, qui viennent dîner avec elle, une fois par semaine, — quels dîners ! un ordinaire de pensionnat ! — et qui se retirent de très bonne heure après lui avoir serré la main, en soupirant. Ah ! certes, le plan est très adroit ! « Mais c'est un ange, cette pauvre M*me* de Lurcy-Sevi ! Elle pourrait, comme tant d'autres, se consoler de l'abandon où la laisse son mari ; non, non, elle préfère souffrir en silence, et il n'y a jamais rien eu à dire sur son compte. » Ces paroles-là, je les entends, croyez-le bien ! car on se hâte de les dire, exprès, quand je suis là. Mais alors, si votre femme, pour tout le monde, est un ange, que suis-je, moi ? une gueuse. Ah ! voyez-vous, j'en ai assez, des louanges qu'on lui donne et qui me sont autant d'injures. Sa simplicité me raille, sa piété me bafoue, sa vertu m'outrage ! Je ne veux plus entendre parler ni d'elle ni de vous. Allez-vous-en ! Laissez-moi. Allez-vous-en.

Il comprenait enfin cette femme, effrayé.

— Vous me chassez?
— Oui.
— Vous ne me recevrez plus?
— Non. A moins.....
— A moins ?.....
— A moins, parbleu ! dit-elle en riant d'un mauvais rire, que votre femme ne devienne pareille aux autres, et qu'elle n'ait un amant, comme moi !

II

Il revint. Deux mois plus tard.

— Comment? vous voilà? s'écria-t-elle, surprise.

— Oui, me voilà. N'avez-vous pas consenti à me recevoir le jour où Mme de Lurcy-Sevi...

— Aurait un amant?

— Eh bien ! dit-il avec un sourire, c'est fait, elle en a un.

Elle frappa des mains, comme une enfant joyeuse.

— Oh! est-ce vrai? est-ce bien vrai? Ce n'est pas un conte pour rire que vous me faites là? Votre femme a un amant?
— Oui.
— Qu'elle aime?
— Qu'elle adore.
— Dont elle est aimée?
— Dont elle est adorée.
— Et on le sait?
— On le sait.

Alors, riant de toutes ses dents jolies et cruelles, elle s'approcha de M. de Lurcy-Sevi, et, les manches pendantes, lui mit au cou ses deux tendres bras nus. Mais, souriant toujours, il l'écarta doucement, étonnée.

— Vous ne m'avez pas tout demandé, dit-il.
— Qu'ai-je donc à apprendre encore?
— Vous ne savez pas qui est l'amant de ma femme.
— Ah! oui, au fait, qui est-ce?
— Mon Dieu! madame, c'est moi.

Et il sortit après un grand salut.

Mais cette défaite est la seule qu'ait jamais subie Mme de Portalègre! Et encore je n'oserais pas affirmer qu'elle ait été définitive. Qui a été vaincue par le mari peut-être victorieuse de la femme. Adam eût résisté, mais Ève s'est laissé tenter ; et le serpent de l'Éden était sans doute une couleuvre. Il est avéré que, maintenant, Mme de Lurcy-Sevi ne porte plus des robes de deux cents francs ; qui sait si ce n'est point Mme de Portalègre qui lui a donné l'adresse du couturier à la mode ?

L'HOMME DE LETTRES

Hier soir, un poète encore inconnu corrigeait les dernières épreuves de son premier livre; un vieil homme de lettres, qui se trouvait là, saisit vivement la main du jeune homme et dit d'une voix rude :

— Ne donnez pas le bon à tirer ! Ne publiez pas ces vers !

— Vous les croyez mauvais ?

— Je ne les ai pas lus, je ne veux pas les lire. Ils sont peut-être admirables. Gardez-vous de les publier.

— Pourquoi donc ?

— Parce que, ce livre une fois paru, vous seriez

désormais, irrémédiablement, un littérateur, un artiste, c'est-à-dire un monstre !

— Un monstre !

— Oui.

— En êtes-vous donc un, cher maître ?

— Certes ! et l'un des plus effrayants, puisqu'en effet, depuis plus longtemps que beaucoup d'autres, je fais des vers, des romans et des drames.

Le jeune homme ouvrait de grands yeux. L'autre reprit, en allant et venant par la chambre, avec des gestes violents :

— Honnêtes, certainement, nous le sommes ! et probes, et loyaux ! Il y a vingt ou trente ans, c'était la mode parmi quelques gens de lettres d'emprunter cent sous et d'oublier de les rendre, de déménager sans prévenir le propriétaire, et de ne jamais payer, fût-ce en songe, ni son bottier ni son tailleur. Devoir était une espèce de devoir. Folies de jeunesse ! Les bohèmes, après les Jeune-France, ont disparu ; la littérature s'est rangée. Nous avons coupé nos cheveux de Mérovingiens et mis de l'ordre dans nos affaires. Nous ne portons plus de gilets rouges, et notre concierge nous salue, parce que nous lui donnons des étrennes, aussi bien que le banquier de l'entresol ou le notaire du second. Bons citoyens, bons époux, bons pères, nous nous préparons d'honorables épitaphes ! Moi qui vous parle, j'ai fait le coup de feu, pendant la dernière guerre, à côté de Henri Regnault ; j'ai une femme à qui jamais je n'ai causé le plus léger chagrin, et j'enseigne moi-même l'histoire et la géographie à mes trois enfants, que j'élève dans l'horreur de la littérature. Mieux encore: il m'est arrivé, — renversement remarquable des choses d'ici-bas! — de prêter six mille francs, non sans lui adresser une sévère semonce, à l'un de mes oncles, marchand de quincaillerie à Angoulême, qui avait compromis ses affaires pour les beaux yeux d'une cabotine de passage! En un mot, de braves gens, réguliers, corrects, c'est nous. Mais je vous dis que nous sommes des monstres!

« Car n'est-il pas monstrueux, en effet, de ne pas être, de ne pouvoir pas être, étant un homme, un homme comme les autres? de ne pouvoir aimer ni haïr, jouir ni souffrir, ainsi que les autres aiment ou haïssent, jouissent ou souffrent? Et nous ne le pouvons pas, non, non, en aucun cas, jamais! A force de rêver ou d'observer, à force d'étudier, d'analyser, en nous et hors de nous, tous les sentiments et toutes les passions, d'en guetter l'éclosion, d'en suivre le développement et la décadence, de consigner dans notre mémoire les attitudes qu'ils produisent, le langage qu'ils inspirent, nous avons définitivement tué en nous la faculté des émotions ingénues, le pouvoir d'être heureux ou malheureux, avec simplicité. Nous avons perdu toutes les saintes inconsciences de l'âme! Il nous est devenu impossible, quand nous éprouvons, de nous borner à éprouver. Nous constatons, nous apprécions nos espérances, nos angoisses, nos déchirements de cœur, nos délices; nous prenons note des tourments jaloux qui nous dévorent quand celle qui est attendue ne vient pas au rendez-vous; notre abominable sens critique juge les baisers et les caresses, les compare, les approuve ou non, fait des réserves; nous découvrons des fautes de goût dans l'emportement de nos joies ou de nos désespoirs; nous mêlons la grammaire à l'amour; et, en proie à l'imparfait du subjonctif en même temps qu'à la suprême ivresse, nous disons à notre amie épouvantée : « Oh! je voudrais que tu m'aimasses jusqu'à la mort! » Littérature! littérature! tu es devenue notre cœur, nos sens, notre chair, notre voix. Ce n'est pas une vie que nous vivons, c'est un poème, ou un roman, ou un drame. Ah! toute l'espèce de gloire qu'ont pu me valoir trente années de travail, je la donnerais pour pleurer, un seul instant, à chaudes larmes, sans m'apercevoir que je pleure!

« Ce fut dans un bal que je vis pour la première fois celle qui est à présent ma femme. Elle était si jolie, avec ses yeux bruns et ses fins cheveux roux, délicatement crespelés! Oh! certes, je me pris à l'aimer, mais je songeais aussi à la strophe exquise qu'il eût fallu faire pour dire les louanges de son adorable beauté, et un sonnet de Ronsard me chanta dans le souvenir. Je m'approchai d'elle, ému sans doute, mais m'efforçant de l'être, car il n'eût pas été « littéraire » de ne pas être ému en effet ! Et ce fut tout à fait la scène où Roméo rencontre Juliette. J'eus même une inspiration subite : transportée dans le monde actuel, vêtue d'habits modernes, cette scène-là ne manquerait pas de faire beaucoup d'effet au théâtre. Je l'ai mise dans l'une de mes comédies !

« Le jour des noces vint, le jour ineffable dont la date, rappelée à voix basse, ramène un jeune sourire sur les lèvres des plus mornes vieillards. Celle que j'avais tant désirée, si longtemps et si désespérément attendue, — une passion de drame, tout à fait, — j'allais la posséder enfin. Entrer dans la chambre nuptiale, c'est entrer dans le paradis. Oh ! le doux nid sacré ! Le transparent mystère des rideaux blancs et roses était sur le cher lit comme un brouillard de pudeur et de tendresse qui s'effraye. Hélas! pour la décrire, cette chambre, il aurait fallu être Théophile Gautier ! Pourtant je me promis d'essayer ; il y avait surtout, sous une lampe, dans un coin de mousseline et de soie, un effet de clair-obscur qu'il eût été bien amusant de rendre. Je tenais ma femme entre mes bras ! mon cœur battait à rompre ma poitrine, — elle est banale, cette expression, mais enfin, on a beau dire, elle est exacte, et il n'y a pas de mal à l'employer, quelquefois, — je sentais, comme une liqueur délicieusement tiède, une infinie extase me couler dans les veines, et, quand le satin blanc lentement descendit, alors, presque épouvanté de mon bonheur, je joignis les mains, plein d'extase, pareil à un dévot devant l'apparition d'une sainte invoquée, et je reculai de quelques pas, comme on s'éloigne d'un tableau, au Salon, pour mieux juger de l'effet ! Ah ! gredin, canaille, littérateur ! Un sauvage du centre de l'Afrique, à ma place, eût été plus heureux que moi. J'avais honte de moi-même et j'avais envie de me souffleter ! Mais ne pense donc pas, ne « travaille » donc pas, misérable ! sois une bête, sois un amoureux ! Ah ! bien oui. C'est cette nuit-là que j'ai trouvé le cinquième acte du drame qui est mon chef-d'œuvre à ce qu'on dit. Vous vous rappelez le dialogue des nouveaux époux ?

« Je me suis battu pour mon pays, je vous l'ai dit. Bravement, je vous le jure. Pendant le combat, je regardais mes compagnons. Chacun d'eux était tout à sa besogne ! La flamme nette de leurs regards, la résolution directe de leur élan, disaient cette unique pensée : tuer ou mourir ! Mais moi, — au premier rang, cependant, — je me remémorais, dans le fracas des mitrailleuses et sous la grêle des balles, les grandes batailles épiques des poèmes ; la guerre est infâme quand elle attaque, sublime quand elle défend ; c'est un bruit fier que la rude fanfare du clairon : Ennius en a fait un superbe vers ! Et, pendant que les autres soldats ne pensaient même pas qu'il est bien de mourir pour sa patrie, je me disais que c'était beau ! songeant que l'on me ferait, si je succombais, de glorieuses funérailles, voyant flotter magnifiquement aux fenêtres, tandis que passe mon convoi, les trois couleurs des grands drapeaux !

« Et, à travers toute mon existence, elle m'a poursuivi, vaincu, absorbé, la littérature. Quand mon père est mort, je craignais, rempli d'une désolation infinie, que ma douleur ne fût pas assez cruellement amère, ne fût pas ce qu'elle aurait dû être dans un livre bien fait ; en serrant, les yeux en pleurs, les mains des visiteurs attendris, je me demandais si mon air et ma tenue exprimaient, comme il est convenable, la violence sincère de mon désespoir, et je me rappelais cette parole d'un ami, homme de lettres, lui aussi, hélas ! « Lorsqu'un grand malheur nous frappe, il est nécessaire de se faire enseigner par un bon comédien l'attitude qu'il sied d'avoir en pareille occurrence. » Ainsi, ni amant, ni patriote, ni fils : artiste seulement, artiste toujours ! Et c'est pourquoi je déteste l'art assassin du naturel ! C'est pourquoi je vous conjure, jeune homme, de ne pas publier ce livre, de ne point faire le premier pas sur la pente fatale que l'on ne remonte plus jamais. Soyez maçon, boursier, marchand de cartes transparentes, coiffeur, banquier, notaire, montreur de bêtes féroces, diplomate, chanteur de café-concert, mais ne soyez pas homme de lettres, si vous voulez pleurer pour de vrai, rire pour de vrai, aimer quand vous aimez, souffrir quand vous souffrez, vivre enfin ! et ne jamais employer les heures furtives d'un premier rendez-vous à combiner le plan de quelque oaristys. »

MARTHE CARO

Je l'ai revue, l'autre soir, aux Bouffes, dans une baignoire d'avant-scène, seule. Jamais elle n'a été plus désirable; la blancheur grasse de sa peau, le rire saignant de ses lèvres, éclataient entre les dentelles noires du chapeau et le tulle noir de la guimpe. Devant la bonne humeur de sa beauté, une colère m'a pris; car cette fille, Marthe Caro, à cause de l'espèce de vertu qu'elle a, est le plus impénétrablement mystérieux, le plus parfaitement atroce des monstres parisiens; et ceux qui l'ont observée de près — mais nul n'est parvenu à la comprendre! — se demandent avec épouvante quel lent et raffiné supplice, dans un enfer spécial, suffirait à lui faire expier le crime de son exécrable impeccabilité.

Quand elle débuta, il y a sept ans, dans une opérette-féerie, aux Folies-Marigny, le tas de mornes viveurs qu'écœure enfin l'éternel retour des mêmes plaisirs bêtes, — vous croyez qu'ils rient? non, ils bâillent, — fut secoué, enfiévré, allumé; on eût dit qu'elle leur avait jeté aux yeux et dans la bouche une poignée de poivre rouge. Belle, sans doute, mais on l'eût à peine regardée si elle n'avait été que belle. Vingt ans, épanouie comme à trente, avec la crudité de sa grande bouche où riaient des dents de louve gaie, et ses yeux couleur de café, aux paupières bistres, battues, un peu plissées, — des yeux coupables qui se souviennent et désirent, — avec la neige chaude de sa peau si pleine et si vivante qu'elle en paraissait plus nue, avec sa voix rauque et âpre, qui grattait les sens comme une râpe, grasse pourtant, — roucoulements enroués de pigeonne amoureuse, — avec ses déhanchements de faubourienne et une façon canaille de se taper sur la cuisse, qui faisait sonner la chair, Marthe Caro, lançant les mots vifs à toute volée, sans réticence de ton ni de regard, et, en même temps, penchée au-dessus de la rampe, s'offrant toute dans un mouvement de « voilà ! » émerveillait le spleen des imbéciles par le ragoût alors moins banal du cynisme dans la perversité. En quelques semaines elle fut célèbre, presque riche, lancée ; et les filles les plus renommées envièrent son hôtel, ses voitures, ses toilettes, ses amants.

Ses amants ? Non, elle n'avait pas d'amants ! Ceci est absurde, incroyable, fou, mais ceci est vrai : elle n'était la maîtresse de personne. Eh ! sans doute, dans son boudoir, ou dans sa loge, ou dans les cabinets des restaurants nocturnes, elle s'offrait encore, de plus près, abondamment débraillée, laissant qui voulait prendre ses mains, ses bras, lui baiser l'épaule ou la nuque ; mais, s'abandonnant, ne se donnait point. Complaisance de fille, et brusque refus de vierge. « Prends-moi, tiens !... Tu ne m'auras pas. » Pourquoi ? On ne savait. Elle ne fournissait pas de raison. « Vous m'ennuyez », ou : « Ah ! bien oui ! » ou : « Fichez-moi la paix » ; rien de plus. Après souper, quiconque la reconduisait pouvait monter chez elle. Dans le salon, elle ôtait son chapeau, dégrafait sa robe, défaisait ses cheveux, sans défendre qu'on l'embrassât ; puis, tout à coup, fuyait dans sa chambre et criait à travers la porte bien close : « Bonne nuit! vous ne serez pas trop mal sur le canapé. » Supplications, colères; quelquefois des porcelaines du Japon volaient en éclats sous la fureur d'un poing fermé. Marthe Caro ne répondait point, — pas même un éclat de rire, — ne prenait pas garde aux fracas. Bientôt, l'homme mystifié pouvait, en appliquant l'oreille à la porte, entendre le bruit égal, léger, d'une respiration endormie.

Croire à la sagesse de cette folle, à la pudeur de cette impudente, allons donc! Par rancune de certaines humiliations naguère subies, ou, simplement, par orgueil de fille du peuple, Marthe Caro prenait plaisir peut-être à bafouer ces riches, ces nobles qui, l'ayant payée, exigeaient qu'elle leur appartînt; elle les « volait », par esprit de fierté ou de vengeance. Mais, certainement, ce qu'elle ne voulait pas vendre, elle le donnerait, un beau jour, pour rien, à un pauvre diable, dans la spontanéité passionnée de quelque emporté caprice.

Il y avait aux Folies-Marigny un cabotin pâle et brun, taillé en hercule, qui l'embrassait dans les couloirs, la serrant très fort. Un gaillard qui avait du biceps! Elle ne le rebuffait pas, bonne fille. Une fois, il lui proposa d'aller passer la journée dans la forêt de Fontainebleau; elle dit : « Je veux bien. » Juillet, même dans les plus sombres profondeurs du bois, surchauffait les herbes et les feuilles, faisait se crevasser la terre d'où montaient des arômes de sèves vaporisées. Ils marchaient entre les arbres dans l'ardeur sèche de l'air, alourdis, haletants; il lui donnait le bras : elle se penchait vers lui, le corsage ouvert, pesante, grasse, molle, le visage et la gorge mouillés d'une sueur qui sentait bon. Il la prit à bras-le-corps et voulut l'emporter ! Elle s'était dégagée, bondit, courut, se retourna, et, tirant un petit revolver de la poche de sa jupe : « Tu sais, si tu me touches, je te casse la tête ! » Il se le tint pour dit. Ils revinrent à Paris, lui, silencieux. Dans le wagon, elle demandait : « Qu'est-ce que tu as donc ? tu ne m'embrasses plus ? » Elle se serrait contre lui. Sans le revolver, il lui aurait cassé les reins.

Quand cette aventure fut connue, — ce ne fut pas Marthe Caro qui la raconta : elle ne se vantait jamais de ses résistances, n'aimait pas qu'on lui en parlât ; on eût dit qu'elle en avait honte ; souvent elle disait, avec un petit rire, que c'étaient des histoires à dormir debout, qu'elle n'était pas si « Jeanne d'Arc » que ça ; — quand l'aventure fut connue dans les coulisses des Folies-Marigny, elle donna lieu aux plus hasardeux soupçons. Que diable, enfin, ce n'était pas naturel d'être ainsi, sans motif ; il devait y avoir une « raison ». Une soubrette — des travestis, — rappela l'histoire d'une figurante du Châtelet qui avait eu le prix Montyon pour sa bonne conduite, et qui en mangea l'argent, dans des cabinets particuliers, avec une petite du Conservatoire qu'elle allait attendre, tous les soirs, rue du Faubourg-Poissonnière, après les cours. Dame, tout est possible! Mais non, on ne connaissait à Marthe aucune camaraderie intime, trop tendre, suspecte. Moins charitables encore, d'autres bonnes amies insinuèrent à voix basse que les plus belles femmes ne sont pas parfaites ; Caro-la-Vertu devait avoir quelque laideur, quelque difformité. Si bien qu'un soir, au moment où elle changeait de costume, elle entendit un bruit de pas groupés, de chuchotements derrière la porte de sa loge. Elle comprit : on la guettait, on la regardait par le trou de la serrure. Elle s'élança hors de sa robe et de sa chemise tombées, et, la porte grande ouverte, aux hommes et aux femmes qui étaient là, elle cria, nue, et superbe, dans sa splendeur de vivante statue : « Eh bien, est-ce que je suis bancale ou bossue, tas de fichus imbéciles ? » Les bonnes camarades ne se tinrent pas pour battues. Un autre soupçon leur vint. Toutes les difformités ne sont pas aisément visibles ; il y a quelquefois, — on le raconte du moins, — d'intimes et secrets empêchements à l'amour. L'une des cabotines, — peut-être connaissait-elle le roman de Richard Lesclide, intitulé : *La Femme impossible*, — interrogea hardiment, les poings sur les hanches et les points sur les *i*, le médecin du théâtre, qui avait soigné naguère Marthe Caro, dans l'un de ces délicats malaises où aucun mystère, aucune réserve ne sont permis à la malade. Le docteur pouffa de rire au nez de l'indiscrète, et répondit : « allons donc ! » en homme sûr de son fait.

II

Peut-être, lasse d'être bassement désirée, voulait-elle n'appartenir qu'à celui qui l'aimerait. Elle fut aimée, éperdument. Frêle et joli, le teint pâle, des cheveux d'or léger, Marcel Berchoux arrivait de sa province, avec toutes les poésies dans l'esprit, toutes les tendresses dans le cœur. Chez son oncle, —ami de mon père — j'avais rencontré cet enfant, à Toulouse. Où vit-il pour la première fois Marthe Caro ? Je ne l'ai jamais su. Au théâtre, sans doute. Il aurait dû être épouvanté, lui, si jeune et si fièrement pur, par les cyniques impudences de la cabotine : non, il l'aima, soudainement, de tout son être, sans réserve ; et ce fut une affreuse histoire que j'ai trop tard apprise.

Pendant trois mois, tous les jours, il alla chez elle. Elle l'avait accueilli sans difficulté ; il n'avait eu qu'à sonner, qu'à entrer, qu'à saluer en balbutiant ; est-ce qu'elle ne recevait pas tout le monde? Il fut extasié, d'abord. Comment! elle ne le chassait pas, lui, pauvre petit homme? elle voulait bien qu'il fût là, des heures entières, la regardant aller, venir, s'asseoir, se lever, l'entendant parler et rire, aspirant de bonnes odeurs dans l'air que poussait le mouvement de la jupe et des manches. Il lui faisait répéter des rôles, lui jouait au piano les airs qu'elle devait chanter le soir ; elle disait : « Merci, vous êtes bien gentil, » et quelquefois : « Tu es bien gentil », car elle l'avait tutoyé tout de suite. Indulgente, elle ne se fâcha pas le moins du monde lorsqu'il avoua qu'il était amoureux d'elle. Est-ce que ce n'était pas tout simple, cela? A dix-huit ans, on est un homme! Et elle voulait bien se laisser aimer. Elle devint, de jour en jour, plus familière, plus câline. Quand il arrivait de très bonne heure, elle criait de sa chambre : « Tu peux entrer, Marcel! » Elle était dans son lit, d'où sortaient, quand elle lui tendait les mains, des tiédeurs molles et des bruits lents de soies froissées. « Assieds-toi près de moi, causons, viens. Mais viens donc! Oh! le poltron! Vous verrez que c'est une petite fille déguisée! » Elle lui mettait les bras autour du cou, l'attirait, lui parlait tout près de la bouche. Un jour, il l'enlaça soudainement, follement, lui soufflant dans les cheveux toute la flamme des premiers baisers! Elle sauta du lit, saisit Marcel par les épaules, le jeta hors de la chambre. Mais il revint le lendemain, et elle ne le mit pas à la porte, et alors commença l'abominable angoisse de Marcel; car il connut en même temps l'effréné désir et l'absolu désespoir. Jamais! jamais elle ne voulut être à lui! Avec des prières qui eussent fait descendre du ciel les anges attendris, il l'adorait, la conjurait, se tordant les mains, s'agenouillant quand elle était assise, se traînant vers elle quand elle s'éloignait; elle ne voulait pas! « Pauvre chéri! » disait-elle. Pour le consoler, elle le faisait asseoir sur ses genoux, le baisait dans les cheveux. « Allons, mets ta tête sur mon épaule. On est bien, n'est-ce pas, dis? » Elle était tout à fait bonne; elle relevait ses manches pour qu'il sentît sur son cou la caresse de la peau nue. Mais elle ne voulait pas! elle s'échappait violemment, s'enfermait en criant : « Non! non! jamais! tu entends bien? jamais! » Il avait des révoltes furieuses, se jetait contre la porte, essayait de l'enfoncer, vociférait des colères : « Tu es infâme! tu me tues! Pourquoi m'embrasses-tu, si tu dois t'en aller après? Tu me mets le corps en feu, tu me rends fou, tu es infâme! » Elle entrebâillait la porte. Ah! bien, c'était comme cela qu'il la récompensait d'être aimable avec lui? Il allait promettre, et à l'instant, d'être sage, très sage, ou bien elle défendrait à Marguerite de le laisser entrer. Sous cette menace, toute sa colère tombait. Il s'humiliait, demandait pardon. Oui, sage ! il le promettait ! et il tiendrait sa parole ! Apaisée, elle revenait, s'étendait sur le canapé, lui disait : « Approche-toi donc, » et, après lui avoir fermé, sous deux baisers, les deux paupières, elle fourrait la tête du pauvre petit dans les dentelles chaudes du peignoir, et, d'un lent mouvement du buste, le berçait en chantonnant : « Dodo, l'enfant, do ! l'enfant dormira bientôt. »

Cet infernal supplice, Marcel Berchoux, le supporta trois ou quatre heures par jour durant plus de soixante jours ! Il y succomba enfin : une fièvre chaude le prit. Je fus prévenu. C'est alors seulement que, par les aveux du délire, je connus le crime de Marthe Caro. Mais il ne la maudissait pas ! il l'aimait, l'appelait avec des râles et des larmes ; jamais il ne m'avait été donné d'observer la manifestation d'une passion à ce point furieuse et absorbante. La maladie s'aggrava. Trois semaines entre la vie et la mort. La mère de Marcel, accourue à Paris, pleurait, presque mourante aussi, pendant qu'il criait, lui : « Marthe ! Marthe ! » Enfin un mieux se produisit, s'accentua. Il était sauvé, sa mère, à peine convalescent, l'emporta.

Je songeais à cette sombre aventure en descendant l'escalier du théâtre où je venais de revoir

Marthe Caro. Elle passa près de moi dans la foule : je remarquai qu'elle était en deuil. En deuil? Elle n'avait connu ni son père ni sa mère, n'avait aucun parent. Elle devina sans doute mon étonnement, elle me dit, très bas :

— J'ai perdu mon mari.

Son mari! elle avait été mariée? elle! Eh bien, tout s'expliquait. En réalité, nul mystère dans la vie de cette femme : un calcul abject, et banal. Marthe Caro ne s'était offerte et refusée à tous que pour trouver enfin, entre cent dupes affolées, la dupe parfaite qu'il lui fallait.

Nous étions arrivés dans le passage Choiseul, elle s'arrêta et me dit encore :

— Il y a huit mois que mon mari est mort.

— Qui donc avez-vous épousé? demandai-je assez brutalement.

— Vous ne devinez pas? Marcel Berchoux.

Cette double nouvelle, — le mariage, la mort de Marcel, — me confondit. Pourtant à l'amertume de ma tristesse, un peu de douceur se mêla. Il n'était plus, le pauvre enfant; mais, du moins, avant de mourir, il avait connu la joie de son rêve réalisé.

— De quoi est-il mort? demandai-je.

— Vous savez qu'il avait été malade, autrefois?

— Oui.

— La même maladie l'a pris. Deux mois après notre mariage.

— La même maladie! m'écriai-je avec un frisson. Et pour la même raison, peut-être?

Elle baissa la tête.

— Ah! misérable créature! Comment? vous étiez sa femme, vous pouviez, en lui donnant le bonheur, lui conserver la vie...

— Oh! ne m'accusez pas! dit-elle, les yeux pleins de larmes. Je vous jure que je l'aimais de toutes mes forces, que, pour lui épargner un chagrin, j'aurais consenti à tous les sacrifices! Mais pourquoi, ajouta-t-elle en portant son mouchoir à sa bouche afin d'étouffer le sanglot qui lui gonflait le cou, pourquoi donc demandait-il toujours la seule chose qui ne fût pas possible?

FELIX GARGASSOU

Un imbécile qui a pour métier d'avoir de l'esprit. L'aventure est moins rare qu'on ne pense. Né bête, carrément, sa bêtise, de jour en jour, s'est renforcée, cimentée d'ignorance et d'aplomb. La seule chose qu'il sache, c'est qu'il sait tout ! Une fois, se piquant d'érudition, dans un petit journal financier, à propos d'une tragédie en cinq actes qu'un ancien fabricant de bas pour varices venait de faire représenter au théâtre Déjazet, il regretta magistralement que l'Histoire n'eût pas jugé à propos de donner le surnom de Grand à l'empereur Charlemagne. C'est lui qui a proféré, dans le salon des Beaux-Arts d'une exposition universelle, une phrase incomparablement stupide, — d'une profondeur d'ineptie à donner le vertige ! — et bien autrement admirable dans l'absurde que ne le sont dans le sublime le « Qu'il mourût ! » du vieil Horace et le « Je bois à toi ! » de Juliette : ayant à son bras la petite Anatoline Mayer, des Bouffes, qui considérait d'un peu loin l'œuvre d'un statuaire italien, un Napoléon à Saint-Hélène, ægrotant, amaigri, assis dans une chaise de pierre assez ressemblante, il est vrai, à une moitié de baignoire, il dit à la petite Anatoline, — qui le crut ! — ces quelques mots, gravement : « C'est celui qui a assassiné Charlotte Corday dans son bain ! »

Mais son imbécillité parfaite, immaculée, sereine, ne va pas sans quelque malice, sans un certain entregent ; malice de fouine, entregent d'écureuil. N'ayant jamais pu être ni avocat, ni médecin, ni professeur de piano, ni peintre en bâtiment, ni caissier, — heureusement pour lui ! — ni même expéditionnaire, et crevant de faim comme un sculpteur qui n'a encore obtenu que deux médailles, il s'installa dans les brasseries de bohèmes et les cafés de journalistes, copia des manières d'être, imita des façons de dire, retint deux ou trois cents mots fantasques ou pittoresques, se logea dans la mémoire trente ou quarante anecdotes, eut une sorte de bagout, finit par être aussi amusant qu'un rapin et aussi drôle qu'une soupeuse. Alors une ambition s'éveilla en lui. Il se faufila dans un journal, puis dans un autre, et dans un autre ; apporta des nouvelles, fit accepter des échos, rarement ; hasarda une chronique non signée, fut conspué ; ne se découragea point, sut se borner, sagement, aux humbles besognes ; se lia avec quelques concierges de théâtre, fut l'amant d'une cabotine, apprit ce qui se passait dans les cabinets des directeurs, et l'écrivit, sans orthographe, mais le correcteur est là ! eut la chance de « trouver » un scandale, — vous savez, l'affaire des diamants volés dans la loge de Marthe Caro par un gentilhomme milanais ; fut dès lors considéré comme un malin, se créa une spécialité, celle d'observer les baignoires des petits théâtres et de désigner, le lendemain, par des initiales, de graves ou illustres personnages qui étaient allés voir jouer, en compagnie de quelque fille rousse, l'opérette des Fantaisies-Parisiennes ou la revue de l'Athénée ; signa enfin, en troisième page, de courts articles, entre deux réclames, signa encore, signa toujours ; se servit de son mieux des deux ou trois cents mots pittoresques naguère entendus, espaça les trente ou quarante anecdotes augmentées de quelques autres ; parvint à faire croire à beaucoup de gens qu'il n'était pas le plus accompli des sots. « Eh ! eh ! très drôle, ce garçon-là. » De sorte qu'à l'heure actuelle, Félix Gargassou, presque connu chez Riche ou chez Bignon, est tout à fait célèbre au café de la Renaissance ! En outre, il est redoutable. Laid, il déteste et bafoue tout ce qui est beau; bête, tout ce qui est intelligent ou sublime; mauvais, tout ce qui est bon; vil, tout ce qui est pur et superbe. Vous dites : « Méchant, peut-être; redoutable, non. Un tel homme ne saurait exercer aucune influence. » Erreur très grave! Le mal n'est jamais difficile à faire. Félix Gargassou, en trois années, a réduit au désespoir trois ou quatre poètes, poussé au suicide le malheureux peintre Étienne Bernay, désuni sept ou huit ménages. C'est grâce à lui que la petite Georgette Castan — une honnête créature et une rare comédienne — est devenue une fille et sera dans un mois une cabotine à maillot! Gargassou est un monstre médiocre, soit, mais un monstre. La vipère à cornes n'est pas une très grosse bête.

I

Quand Georgette Castan, dix-neuf ans à peine, débuta au théâtre du Gymnase, il y eut un doux sourire d'aise, toute la soirée, sur toutes les lèvres.

Pas trop jolie, petite, grasse et ramassée, mais si mignonne, avec ses fraîches joues, roses malgré le fard, et sa bouche qui a l'air d'une fraise qui rit, et son nez qui se courbe, puis se retrousse, ne sachant ce qu'il veut, et ses yeux bruns, qui pétillent pourtant, — deux diamants noirs sablés d'or, — et ses cheveux sombres, un peu fauves, très courts, dont l'ébouriffement a je ne sais quelle crânerie garçonnière, elle étonna, amusa, charma. Le public, tout de suite, en grand enfant qu'il est, s'éprit de cette exquise poupée. Mais la poupée était une vraie artiste! Vivante, joyeuse, hardie, geste prompt, voix alerte, rire qui sonne comme un bris de cristal, elle mit, dans le médiocre vaudeville où elle jouait un quadruple rôle de paysanne futée, de fille d'opéra, de fausse bourgeoise et de fausse marquise, la belle gaieté saine des Dorines de Molière, et la finesse aussi des Lisettes de Marivaux. Avec cela, ingénue, et innocente, c'était certain. Toute l'audace avec toute la candeur. Un ange endiablé! Le succès, — pas celui de la pièce, — fut bruyant, rieur, joyeux comme l'actrice elle-même. Et le lendemain, il y eut dans la presse conquise par la belle humeur d'une enfant, des éloges câlins et des enthousiasmes tout pleins de chatteries. Félix Gargassou lui-même, dans son petit courrier des théâtres, daigna reconnaître qu'une adorable comédienne venait de se révéler. Seulement il ajouta : « Fagotée par exemple! Des toilettes du quatre sous. Des jupes achetées au décrochez-moi-ça. La pauvre petite faisait pitié. »

II

Ah bien, ce n'était pas un mot comme celui-là qui chagrinerait Georgette au milieu de son triomphe. Oui, oui, sans doute, ses toilettes ne valaient pas grand'chose : des petites soies de rien du tout, si minces que, si elle ne les avait pas doublées, on lui aurait vu la peau à travers. Mais ce ne sont pas des robes, n'est-ce pas? c'est du talent qu'il faut pour bien jouer la comédie. Et puis, enfin, ça l'honorait, de ne pas être bien habillée : cela prouvait qu'elle était pauvre, mais cela prouvait qu'elle était sage. Elle l'était en effet! et entendait bien le rester toujours. Elle ne cascaderait pas comme les autres filles de théâtre, elle. Elle avait été bien élevée. Sa mère, une vraie brave femme, ne l'avait jamais laissée aller toute seule au Conservatoire; elle se tenait toujours là pendant les leçons;

ne permettant pas que le professeur prît la main de Georgette, même pour lui indiquer un geste. Elle savait qu'ils sont pleins de malice, les professeurs ! Et, à la maison, il ne venait presque personne. On se gardait bien de recevoir les camarades du Conservatoire, qui rôdent autour des jolies filles, avec de mauvaises intentions. De vieux amis de la famille seulement, des commerçants du quartier, qui jouaient au trente-et-un, le soir, jusqu'à neuf heures. Ce n'était pas très gai, mais c'était très convenable !

Un jour pourtant, — Georgette avait seize ans alors, — un monsieur pas très jeune, pas vieux non plus, l'air distingué, vint rendre une visite à Mme Castan, sous un prétexte ; et, s'étant arrangé de façon à rester seul une minute avec Georgette, il lui mit sa carte dans la main en disant très vite : « Gardez ceci. Je vous aime comme un fou. Je suis le comte de Bersheim, j'habite rue Chauchat, 39. Je vous attendrai, toujours. » Mais Georgette devint rouge de colère ! et elle jeta, dans je ne sais quel tiroir ouvert, les deux morceaux de la carte déchirée. Ensuite, la mère étant rentrée, on flanqua le monsieur à la porte. Depuis ce temps-là, aucune aventure ; pas la plus petite amourette. Il faudrait bien que les gens en prissent leur parti ; Georgette se marierait peut-être ; jamais elle n'aurait d'amant. C'était résolu, convenu, conclu. Elle prouverait, elle, qu'on peut être honnête, tout en jouant la comédie ! Quant au journaliste qui l'avait trouvée

« fagotée », il pouvait dire ce qu'il voulait ; des bêtises comme ça ne feraient pas de tort à une brave fille, qui avait du talent !

III

Georgette se trompait.

Elles furent répétées — sans méchante intention sans doute, mais, enfin, répétées, — par la presse de Paris et par la presse des départements et par la presse de l'étranger, les méchantes paroles de Félix Gargassou. Quiconque écrit dans un journal écrit dans cent journaux ; rien n'est imprimé qui ne soit réimprimé. Et au bout de quinze jours, c'était l'opinion générale dans le monde des théâtres que la petite Castan, certes, était une gracieuse fille et une charmante actrice, mais qu'elle s'habillait, pour jouer les grandes dames, comme une demoiselle de magasin de la banlieue. « Ah ! ma chère, c'est à n'y pas croire ! Des robes d'occasion, pour sûr. On ne prêterait pas cent sous au Mont-de-Piété sur la toilette qu'elle porte à l'acte du bal. Pauvre fille, je la plains, de tout mon cœur, car elle a du talent, enfin. » Et des anecdotes coururent, celle-ci entre autres : Georgette avait demandé une coupure aux auteurs, parce qu'elle n'avait pas pu se payer un second costume ! Pendant les répétitions, le matin, les petites camarades assises à côté d'elle, derrière un portant, en attendant la réplique, lui regardaient obstinément les bottines avec un air d'y chercher un trou. Elle les cachait sous sa jupe, honteuse. Une fois, une très belle fille, figurante d'ailleurs, mais qui venait au théâtre en coupé à deux chevaux, lui fit cadeau d'un parapluie, en disant : « Tu sais, mon chat, comme tu ne peux pas prendre de voitures, ça épargnera toujours ta robe. » Une autre fois elle entendit la jeune première et l'ingénue causer entre elles avec des rires, ne la sachant pas là : « Dis donc, est-ce que c'est à elle, les cheveux de Georgette ? — Je te crois ! elle n'aurait pas de quoi en acheter de faux. » Et le directeur, l'ayant fait venir dans son cabinet pendant un entr'acte, lui conseilla de « soigner davantage » sa toilette, ajoutant que « l'élégance est indispensable aux femmes de théâtre ! »

Georgette, à cause de tout cela, souffrait. On était bien méchant pour elle. Est-ce que c'était de sa faute si elle était pauvre ? Pourquoi la traitait-on ainsi ? Et le soir, bien souvent, en s'éloignant du théâtre avec sa mère, à pied, elle pleurait tout le long du chemin, et s'arrêtait parfois, avec de petits sanglots, sous le parapluie de la figurante.

Mais aucune mauvaise pensée ne lui était venue encore. Malgré les facéties des journaux et les railleries des coulisses, jamais sa belle résolution d'être une honnête fille n'eût été ébranlée, si le public lui-même, le public aussi, ne s'était mis contre elle, hélas !

Elle avait moins de succès, maintenant, c'était certain. On riait moins quand elle riait, on l'applaudissait moins quand elle avait jeté, avec sa prestesse gamine, quelque subtile repartie. Les cocottes des avant-scènes la lorgnaient longuement, méchamment, se faisant des signes entre elles; un soir enfin, — ce fut une minute horrible, — comme elle entrait dans le bal du troisième acte avec sa robe qui n'avait jamais été fraîche et qu'avait encore salie, ternie, brûlée, le gaz de cent représentations, il y eut dans la salle un long murmure qui réprouve, et plusieurs hommes, assis sur des strapontins, — des gens qui ont leurs entrées, — pouffaient de rire en la désignant.

Ce soir-là, lorsqu'elle quitta le théâtre à côté de sa mère qui n'avait rien deviné, Georgette ne pleurait pas. Elle rentra, silencieuse, se coucha sans mot dire. Que se passa-t-il en elle durant toute une nuit sans sommeil ? Elle se leva de bonne heure, fureta dans les tiroirs de tous les meubles, comme cherchant quelque chose de très précieux, trouva deux morceaux de carton satiné, et s'habilla très vite. Puis elle dit à sa mère : « Il y a un raccord, je vais au théâtre; » descendit vivement l'escalier, monta dans un fiacre en criant au cocher : « rue Chauchat, 39 ».

Mais quand elle fut devant la porte de la maison indiquée, un tremblement la prit. Elle sanglota, toute secouée, dans son mouchoir. « Non, non, je ne veux pas ! » Et elle se fit ramener chez elle.

IV

A quelque temps de là, c'était un soir de première au théâtre de Georgette.

Lorsqu'elle entra dans les coulisses, déjà habillée, un peu avant le lever du rideau, il y eut parmi les actrices des cris d'étonnement, des gestes de stupéfaction. Une toilette de cinq mille francs ! oui, de cinq mille francs, pour le moins ! Sur les deux jupes, l'une rose, en satin qui miroite; l'autre amarante, en velours de Gênes changeant, les plus rares dentelles, çà et là, bouillonnaient par touffes semblables à des fleurs à jour, brodées. Oh! sans nul doute, bien plus de cinq mille francs! dix mille, si c'était Worth qui l'avait faite, cette robe harmonieuse et somptueuse, une merveille, une gloire! Et dès qu'elle parut en scène dans le superbe et charmant éclat des velours et des satins, Georgette entendit un long murmure charmé monter des fauteuils aux loges et des loges aux galeries.

Comment donc avait-elle fait, la petite Castan, pour avoir cette toilette, puisqu'elle n'était pas allée rue Chauchat? Était-elle allée ailleurs? ou avait-elle acheté à crédit? Non. Toujours honnête; et elle ne devait rien à personne. Mais il n'y avait plus un meuble à la maison! Mais Georgette avait vendu les candélabres de zinc doré, et la pendule de marbre en bois, et les vingt-quatre couverts de Ruolz et les rideaux des fenêtres et les matelas du lit, et les draps et les sommiers, et la batterie de cuisine, et jusqu'aux nippes de la mère! Et les deux femmes avaient vécu en mangeant des panades, en buvant de l'eau claire, dormant à côté l'une de l'autre sur une descente de lit que l'on n'avait vendue que tout à fait à la fin! et, en outre, elles avaient travaillé! la mère faisant trois ménages dans la maison en face, et la fille, cinq heures par jour, cousant de petites culottes et de petits gilets, pour un magasin de confections d'enfants. De sorte que le soir de la première, Georgette, triomphante, un rire de fier défi sur ses belles jeunes lèvres, se montrait à tous dans la plus belle des robes !

Le lendemain, Félix Gargassou écrivait dans son petit courrier des théâtres : « La toilette de Mlle Georgette Castan, d'un goût exquis et d'une excessive richesse, a produit une profonde sensation, mais une sensation de tristesse. Hélas ! c'est surtout au théâtre qu'il est vrai, le mot cruel de Jules César : « Vertu, tu n'es qu'un nom ! » Félix Gargassou confondait César avec Brutus. N'importe. Ce n'était là qu'un détail. Attribué à celui-ci ou à celui-là, le mot produirait son effet tout de même. Il le produisit.

V

Georgette Castan a un hôtel et trois voitures ! Au lieu d'une belle robe, elle a toutes les belles robes ! Vous jetteriez sur une femme, au hasard, l'étalage illuminé d'un magasin de joaillerie qu'elle serait moins éclatante de diamants et de perles et d'améthystes et de topazes que la petite Georgette Castan quand elle s'accoude dans la lumière du gaz au velours rouge des avant-scènes ! D'ailleurs, on annonce qu'elle remplira le maillot de je ne sais quelle fée, à la Porte-Saint-Martin, dans la prochaine reprise de la *Biche au Bois*.

Est-elle allée rue Chauchat ?

L'autre jour, sur la plage, à Dieppe, elle a reconnu Félix Gargassou ; et, laissant son escorte accoutumée de gommeux et de filles, elle s'est plantée en face de lui.

— Monsieur Gargassou ?

— Lui-même.

— Moi, je m'appelle Georgette Castan. Vous êtes une fière canaille.

Et elle lui a cassé tout net sur la joue un éventail japonais qu'elle avait à la main.

Il a voulu se fâcher ! Mais elle :

— Ah ! tu vas te taire, toi ! Une fière canaille, je l'ai dit, tu l'es. Qu'est-ce que je t'avais fait ? Pourquoi m'en voulais-tu ? J'étais sage ; sans toi, je le serais encore. Pour avoir des toilettes, — c'est toi qui avais dit que je n'en avais pas ! — j'ai travaillé, trimé, sué, avec ma mère, la pauvre vieille ; et, quand j'ai eu une robe enfin, qu'on ne m'avait pas donnée, une robe bien gagnée et bien payée, alors, tu as fait des phrases, et tout le monde a cru que j'étais une fille. Dame, moi, je me suis dit : « si c'est à cela que sert la vertu, il ne vaut pas la peine d'en avoir ! » Ce n'est pas un avantage d'être honnête quand tout le monde croit que vous ne l'êtes pas. Et j'ai changé, en deux temps. Cocher, rue Chauchat ! Maintenant, c'est fini. Je suis comme les autres, par ta faute. Ah ! oui, un fameux gredin ! Aussi, j'avais envie de te dire ton fait, une fois pour toutes, et de te casser quelque chose sur la figure. Mais va, maintenant, n'aie plus peur, ma colère est passée. Viens avec nous, je t'invite à dîner. Je suis, grâce à toi, si tombée et si perdue et si vile, que, de cela même, tiens, je n'ai plus le cœur de t'en vouloir ! »

LA FEMME ET LE MARI

Cela est avéré : sa femme a un amant! et il ne peut pas ignorer que sa femme a un amant. Car le moyen de croire que ses chétifs appointements de sous-chef de bureau suffisent à payer les toilettes d'Éveline, toilettes de fille, effrontément coûteuses, disant le prix comme des factures. D'ailleurs, qu'elle trompe son mari, elle ne le cache guère, veut qu'on le sache, l'avoue presque, ou tout à fait. Tous les jours elle va au Bois dans le coupé du comte de Roquebrou. Quand elle rentre, le soir, après le théâtre, très tard, ses cheveux, comme si elle s'était recoiffée à la hâte, bouffent par touffes défaites sous son chapeau qui tient mal, et ses petits yeux fauves luisent et pétillent, un peu humides : deux topazes brûlées, mouillées de champagne. Certainement, elle a soupé. Pendant que lui, la tête sur l'oreiller, regarde, elle jette son manteau dans un coin, tire ses longs gants noirs, met ses bijoux dans un écrin, avec un mauvais petit rire silencieux, dit quelquefois : « Très amusante, la pièce des Bouffes! » ou bien, en montrant un éventail d'écaille et de marabouts acheté dans un entr'acte chez l'éventailliste du passage : « Joli, n'est-ce pas? C'est le comte qui me l'a donné. Pas cher : cent cinquante francs! » Puis, abominablement barbare, ou par un ressouvenir de quelque facétie d'opérette, elle évente le front de son mari, avec cet éventail qui a caché des baisers et des rires dans le fond de la baignoire. Quoi! il ne se jette pas sur elle, ne la flanque pas à la porte, ou ne l'étrangle pas? Non. Il bâille, tourne la tête vers le mur, reprend son somme. Vous vous écriez : Un misérable, un monstre! Pardon, deux monstres, elle et lui. Leur histoire, aujourd'hui, est ignoble, simplement; au commencement, elle a été terrible.

I

Il aimait de toute son âme sa petite Éveline, si mignonne et si coquette, lui, bonhomme. Il s'extasiait d'elle, sans cesse, ingénument, de tout ce qu'elle disait, de tout ce qu'elle faisait. « Vois-tu, tu as une façon, le matin, quand tu t'éveilles, de te frotter les yeux, qui me rendrait fou de toi, si je ne l'étais déjà ! » A dîner, en face d'Éveline, il s'interrompait du potage, la cuillère en l'air, pour dire : « Comme tu es jolie quand tu manges ! » et se penchait vers elle, la prenait par la tête, l'obligeait, tout doucement, à se pencher aussi, lui baisait le front au-dessus de la soupière qui mêlait à ce baiser une odeur de légumes. C'était comme s'il avait respiré une rose dans un jardin potager. Mais, se sachant fort et lourd, il ne l'embrassait jamais avec violence, de peur de l'effaroucher ou de lui faire du mal. Rôdant autour d'elle, pesant et content, il avait l'air d'un gros pigeon pattu qui roucoulerait pour un oiseau des îles.

Elle aussi, elle était heureuse, ou semblait l'être. Elle avait fait un bon mariage ; pour une demoiselle de magasin dans une lingerie des Batignolles, épouser un sous-chef de bureau, c'est une haute ambition réalisée. Pourtant, sa bonne humeur montrait, certains jours, je ne sais quoi d'inquiet ; elle avait des moues, accompagnées d'un haussement d'épaules, qui, évidemment, signifiaient : « Oui, oui, les choses sont bien comme cela, mais elles pourraient être mieux. » Alors, s'il roucoulait de trop près, il échappait à Éveline un « tu m'agaces ! » très net, dur, presque haineux. En outre, si coquette, raffolant des chiffons, ayant, dès le premier mois de ménage, supprimé un plat de viande pour payer des acomptes à une marchande à la toilette. Mais les défauts qu'elle avait, est-ce qu'il pouvait les voir, lui, ébloui? Pourvu qu'elle ne lui dît pas trop souvent « tu m'agaces! » il était délicieusement ravi. Des robes, des chapeaux, des boucles d'oreilles, tout ce qu'elle voulait, il le lui donnait, faisant des travaux supplémentaires, et s'endettant. Elle aimait le théâtre? ils y allaient deux fois par semaine. Même il la conduisait dans des bals où ses chefs du ministère l'invitaient quelquefois. Elles coûtent gros, les toilettes décolletées, bien qu'il y ait moins d'étoffe. Mais bah, n'importe. Elle lui disait : « Tu es gentil »; il se frottait les mains, plein d'aise, avec un bon gros rire qui lui allait jusqu'aux oreilles.

II

Une fois, cependant, au moment de partir pour une fête, — il était déjà en habit noir; elle, tout en soie rose et la peau si blanche, agrafait devant l'armoire à glace le fermoir d'un collier de perles fausses ; — il arriva qu'Anselme se laissa aller à de tristes pensées ; songeant tout haut, il dit qu'elle était bien jolie sans doute, oh ! ça, c'était sûr ! dans cette robe où elle avait l'air d'un muguet dans une rose, mais que cela coûtait cher, la soie, et cher aussi, la façon, qu'il n'était pas riche, quatre cent cinquante francs par mois ! et qu'il faudrait se restreindre, ne plus aller si souvent au bal, si l'on ne voulait pas se trouver dans l'embarras, bientôt.

Elle se tourna vers lui, les pommettes rouges, une flamme de colère aux yeux ; puis, d'une voix brève et stridente qu'il ne lui connaissait pas, la lèvre retroussée, montrant ses petites dents, elle se mit à dire très vite, après avoir frappé du pied :

— Ah ! écoute, tu sais, je veux m'amuser, moi. Je ne me suis pas mariée pour rester dans un coin. Si ça te déplaît, je m'en moque. Que les laides se cachent, c'est bien : je me montre. Après ce bal, d'autres bals ; après cette robe, d'autres robes. Tu peux en prendre ton parti. Si tu voulais une femme de ménage, il fallait en prendre une à vingt francs par mois. Je vaux plus cher. Je ne t'avais jamais dit ça, je te le dis une fois pour toutes ! Si tu n'as pas assez d'argent, tâche d'en gagner ; il m'en faut. Et beaucoup plus que je n'en ai eu jusqu'à présent. Je te préviens, je ne te prends pas en traître. Emprunte, fais des dettes, fais tout ce que tu voudras.

Des choses honnêtes, ou des choses pas honnêtes. Ça ne me regarde pas. Mais comprends bien. Trouve de l'argent. Si tu ne peux pas, ma foi, tant pis, mon bonhomme! c'est moi qui en trouverai. Est-ce clair, hein? Il est dix heures, filons.

Elle descendait déjà l'escalier; lui la suivant, ébahi, stupide. C'était Éveline qui avait parlé ainsi! Il titubait de marche en marche, moulu et rompu comme s'il avait reçu des coups de canne ou qu'il fût tombé d'un cinquième étage.

III

Le bal avait lieu chez le comte de Roquebrou, homme riche, jeune depuis longtemps, qui avait une assez haute situation au Ministère des Affaires étrangères, et qui, bien que veuf, donnait des soirées où se hasardaient à venir des mondaines vaguement déclassées; on y rencontrait aussi des femmes d'employés, soucieuses de l'avancement de leurs maris.

Lorsque Anselme, hébété, sans pensées, qui n'avait pas dit un mot dans la voiture, fut entré dans le salon plein de bruits et de lumières, il chancela, avec l'air d'être ivre. Il voulait s'en retourner, s'enfuir; mais Éveline, déjà, entraînait dans une valse le long froufrou rose de sa robe, et le pauvre homme, s'appuyant au mur, — inaperçu dans la foule qui rit et qui danse, — gagna une chambre voisine, marcha encore, cherchant d'instinct la solitude, le silence, l'ombre, poussa une autre porte, tomba dans un fauteuil.

Il était seul, dans une pièce peu vaste où il y avait un lit, et qu'une lampe, pendant du plafond, éclairait obscurément.

Voilà donc ce qu'était Éveline! Si douce, elle était si cruelle! Si bonne, elle était si méchante! Oh! affreusement méchante! Il comprenait bien que c'en était fait de son bonheur, à présent; qu'il ne connaîtrait plus la tendresse du paisible amour, des familiarités souriantes. Elle ne voudrait plus qu'il lui prît la tête pendant les dîners, au-dessus de la soupière! Elle le bouderait, le tromperait, le quitterait même; puisqu'il n'avait pas d'argent, et puisqu'elle en voulait. Oh! de l'argent! Il y avait des gens qui travaillaient moins que lui, et qui en gagnaient, des mille et des cents! Dans la finance, à la Bourse, ou dans le commerce, en faisant faillite. Lui, au bureau, huit heures par jour, et quatre cent cinquante francs par mois.

Achetez donc, deux fois par semaine, avec ça, des robes de cinq cents francs! Et il n'y avait pas à dire, s'il ne s'enrichissait pas, s'il ne pouvait pas donner à Éveline tout le luxe dont elle avait envie, il ne l'aurait plus, son Éveline. Par moments, plein de rage, il voulait rentrer dans le bal, empoigner le bras de sa femme, la ramener à la maison, lui déchirer sa belle toilette, la battre, lui dire : « A présent, plus de soie, c'est fini : des robes d'orléans, sans garniture ; et nous renverrons la bonne ; et demain matin tu feras le ménage ; et tu raccommoderas mes caleçons pendant que je serai au bureau. » Car enfin, raccommoder les caleçons, faire le ménage, porter des robes d'orléans, c'est la vie que doit mener une honnête femme d'employé. Mais il se souvenait qu'Éveline avait dit : « Si tu ne peux pas avoir de l'argent, c'est moi qui en trouverai. » Elle en trouverait! Elle prendrait donc un amant? un amant riche? Ah! c'était horrible et honteux. Et il la connaissait maintenant. Elle ferait comme elle avait dit, la mauvaise femme. Il fallait donc qu'il gagnât des sommes, lui aussi, de très grosses sommes. Oui, il le fallait. Mais comment? par quel moyen? Il n'était bon qu'à être sous-chef; il n'entendait rien aux affaires. Des billets de banque, ça ne se trouve pas dans les rues, entre les pavés, et, même en se promenant devant chez Rothschild, on n'en ramasse pas sur les trottoirs! Les coudes aux genoux, il se frappait les tempes des deux poings, et enfin, l'esprit fou, le cœur déchiré, il se mit à sangloter avec de grands sursauts de poitrine, le pauvre faible homme, en bégayant : « De l'argent! de l'argent! pour Éveline! »

En levant les yeux, il vit au fond de la chambre, dans la pénombre, un petit secrétaire en bois d'ébène incrusté de nacre.

Pourquoi regardait-il ce meuble? Il ne savait pas. Sans motif, par hasard. Comme il eût regardé, machinalement, la lampe du plafond ou les porcelaines de la cheminée.

Il le regardait toujours, plus fixement. Il remarqua que la clef, une toute petite clef, était dans la serrure. Cela lui fit plaisir et peur en même temps que cette clef fût là. Mais, vraiment, il ne savait ni ce qu'il espérait, ni ce qu'il craignait.

Il se passa quelque chose d'étrange.

L'un des battants du secrétaire, mal refermé sans doute par une main négligente, s'ouvrit lentement, largement, comme s'il eût été poussé du dedans par quelqu'un d'invisible. Le mari d'Éveline frémit, se leva, tendit le cou vers le meuble ouvert.

Sur l'une des planchettes, il y avait un portefeuille rempli des papiers.

Anselme courut vers le secrétaire, ouvrit le portefeuille avec des mains de fiévreux.

Des billets de banque, beaucoup de billets de banque : vingt-cinq, trente mille francs peut-être!

Assez d'argent pour acheter à Éveline toutes les robes qu'elle voudrait, assez d'argent pour qu'elle ne le trompât jamais, pour qu'elle ne le quittât point! Il frissonnait, en proie aux affres de la tentation. Il lui venait à l'esprit qu'il était seul, qu'on ne l'avait pas vu entrer dans cette chambre, qu'on ne l'en verrait pas sortir; qu'on ne s'apercevrait pas du vol avant trois ou quatre heures au moins, qu'il serait chez lui, alors; que, d'ailleurs, il y avait beaucoup de monde dans le bal; que les soupçons, parmi tant de personnes, ne sauraient sur qui se poser. Il pensait aussi qu'on ne s'aviserait pas de l'accuser, lui, dont la probité était connue. Et puis, enfin, ce n'était pas de sa faute, ce qui arriverait! Il n'avait pas à songé à prendre l'argent de quelqu'un. C'était le secrétaire qui, en s'ouvrant, lui avait donné cette idée. Pourquoi s'était-il ouvert, ce meuble? Qui avait poussé le battant? Quelle volonté inconnue lui offrait la richesse, à lui, misérable, tout à coup? Le vrai coupable, ce serait le hasard. Certes, il résistait encore, honnête. Il ne volerait pas, il ne voulait pas voler! Penché, il allait remettre dans le portefeuille la liasse de billets de banque qu'il froissait entre ses mains. Mais la musique d'une valse, à travers les portes, vint lui tourner dans la tête. Sa femme dansait. Avec qui? avec quelqu'un dont elle songeait peut-être à devenir la maîtresse! Il fourra tous les billets dans sa poche et se tourna vers la porte.

Il s'arrêta, il avait entendu du bruit. Des pas, sur un tapis, s'approchaient. On venait : on le surprendrait ! Il regarda autour de lui ; pas d'autre issue que la porte par où des gens allaient entrer. La tête perdue, il se précipita dans l'embrasure de l'unique fenêtre, se blottit derrière les rideaux, hasardant un regard entre les franges.

Ceux qui entrèrent, ce furent Éveline et le comte de Roquebrou ; et, à peine dans la chambre, elle lui mit les bras autour du cou, en lui riant tout près des lèvres.

IV

Oh ! se ruer sur eux, les renverser, les étrangler, les mordre ! Il allait bondir, tous les rideaux frissonnèrent. Mais il se mit à trembler de la tête aux pieds, prêt à défaillir.

Il avait le vol dans sa poche ! Les billets de banque gonflaient son habit. Sans doute, il pouvait les jeter, les cacher derrière les tentures. Mais, le secrétaire grand ouvert, et le portefeuille vide, ouvert aussi, on *les* verrait ; M. de Roquebrou dirait : « J'avais de l'argent là. Où est-il ? Qui me l'a pris ? C'est vous. » Et tous les invités accourraient, et on le ferait arrêter, et il serait pour tout le monde un voleur, — un voleur !

Éveline, pendue au cou de M. de Roquebrou, lui disait des paroles tendres, un peu gaies, qui enivrent et font sourire : que c'était charmant d'être là tous les deux, si près de tout le monde, et si loin, d'être dans une fête, et d'être seuls ; qu'elle l'aimait, tout à fait, n'avait jamais aimé, n'aimerait jamais que lui. Et le comte lui baisait les cheveux, tandis qu'elle parlait ainsi, toute rieuse et jolie.

Cela, Anselme l'entendait, le voyait.

Le comte leva vivement la tête. Il venait de remarquer le secrétaire ouvert et le portefeuille vide. Il cria : « On m'a volé ! » et marcha vers la porte, voulant appeler.

Mais Éveline, sérieuse, lui fit signe de se taire.

Avait-elle vu Anselme entre les rideaux mal fermés, qui tremblaient ? ou avait-elle deviné, par quelque rapide instinct, quel devait être le coupable ?

— André, dit-elle au comte, je connais le voleur. Il est dans cette chambre. Laissez-moi seule avec lui, je vous prie. Oh ! ne craignez rien, tout s'arrangera.

Elle ajouta quelques mots à voix basse, et le comte sortit.

6.

Alors Éveline alla droit à la fenêtre, écarta les rideaux. Anselme apparut, blême et les yeux rouges. Elle ne lui dit que peu de paroles :

— Nous sommes de fières canailles, tous les deux. Moi une fille, toi un voleur. Au fait, cela vaut peut-être mieux ainsi, nous nous entendrons. Pour l'instant, écoute bien. Je me suis donnée au comte, tu lui as pris son argent. Vous êtes quittes. Si tu te fâches, je te dénonce. »

C'est pourquoi, maintenant, le soir, Anselme, la tête sur l'oreiller, bâille, tourne la tête vers le mur, et reprend son somme lorsque Éveline rentre des Bouffes, du champagne dans les yeux, et lui évente le front avec un éventail d'écaille et de marabouts.

CLÉMENTINE PAGET

Répudions toute vanité, et disons-le avec une imprudente franchise : les poètes et les artistes, même éperdument épris, sont des époux assez médiocres, de déplorables amants.

Celui qui, possèdant une femme — c'est : possédé par elle, que je veux dire, — est susceptible d'avoir, ne fût-ce qu'une fois tous les deux ans ! une seule idée ne se rapportant pas directement à cette femme ; celui dont la pensée n'est pas une adoration constante, la parole une louange ininterrompue, l'attitude un agenouillement perpétuel, devant la créature aimée ; cet homme-là, fût-il riche comme le plus riche banquier juif d'Alexandrie, beau comme la chevalière d'Éon, robuste comme un cordelier de

Catalogne, jeune comme M. Delaunay, de la Comédie-Française, et eût-il autant de génie que Cléomène, Shakespeare, ou Delacroix — ne sera jamais considéré par aucune épouse, par aucune maîtresse, comme un amoureux parfait, ni même tolérable. Et il ne le sera pas en réalité ; puisque, dans ce loyal échange que devrait être l'amour, la femme, en se livrant, donne tout ce qu'elle a, tout ce qu'elle est, ne saurait donner davantage, et que, par conséquent, la moindre réserve d'une part de vous-même constitue une inégalité d'apport, c'est-à-dire une fourberie, un vol.

Or, vous ne sauriez le nier, hélas ! c'est plus d'une fois à la rime rebelle d'une ballade, ou au raccourci d'une jambe, ou au modelé d'un torse, que vous songez obstinément, poëtes ou artistes, mes camarades ! pendant que la bien-aimée, — bien aimée, mais pas assez, — traverse le cabinet de travail ou l'atelier dans un froufrou impérieux de dentelle ou de soie, avec l'intention évidente et si légitime d'occuper et d'extasier toute votre âme par l'élégance d'une toilette nouvelle ou par la grâce piquante d'un frison récemment imaginé, qui se tord, un peu fauve, au bord de l'œil.

Gardez-vous de croire cependant que les épouses ou les maîtresses d'artistes auraient la clémence de s'avouer satisfaites si leurs maris ou leurs amants ne leur dérobaient jamais la plus petite parcelle d'eux-mêmes ! C'est le propre des femmes, comme celui des enfants, de penser : « encore ! » quand on leur a tout donné. L'assouvissement leur est inconnu ; aucune halte dans le désir. L'ambition à rebours, plutôt que point d'ambition. « Ne t'ai-je pas offert tous les diamants et toutes les étoiles ? — J'ai envie de ce petit caillou ! » Et, d'ailleurs, par une loi fatale, l'Inspiratrice est *toujours* l'ennemie de l'Inspiré.

Précisément, Clémentine Paget avait cette chance extraordinaire d'être aimée par un homme qui, bien qu'artiste, lui appartenait corps et âme, absolument. Pas un coin de son être, à lui, où elle ne fût souveraine, elle seule ! et, pendant trois années, il n'avait eu ni une minute d'indifférence ni une seconde de distraction. Envoûtement despotique, définitif, parfait. Comment diantre François Lugeolle, âme hautaine et délicate, avait-il pu s'éprendre à tel point d'une créature médiocrement belle en somme, et remarquablement stupide ? une fille, d'ailleurs, de la plus basse espèce. Notez que, poète, peintre et sculpteur à la fois comme les demi-dieux de la Renaissance italienne, il était dans tout l'éclat d'une gloire récente, et qu'il avait cette fière beauté virile de la vingt-cinquième année, qu'attendrissent encore des grâces d'adolescence. N'importe, tel qu'il était, il l'aimait, telle qu'elle était. Ne cherchez pas à comprendre ; l'amour souffle où il veut. Une fois, dans un bal de barrière où l'avait poussé, après un dîner de camarades, je ne sais quel caprice de curiosité allumé par le champagne, il l'avait vue, en costume de laitière, blanche et grasse, buvant avec un tas d'hommes, les coudes nus sur la table ; et il l'avait emportée ! Il la garda toute une semaine, mécontent, content ; il la garda encore, la garda toujours. Cette fille, qui avait mis au Mont-de-Piété sa seule robe pour louer une loque de carnaval ; qui connaissait les longs couloirs des hôtels de Montmartre, où un lampion grésille, devant la vitre du « Bureau », dans l'huile d'un verre posé sur une assiette, et qui avait plus d'une fois marché pieds nus sur des carreaux rouges, pour gagner le lit des cabinets meublés, cette fille s'habilla des plus rares étoffes, logea dans le luxe précieux des tentures anciennes et des meubles exotiques, enfonça ses babouches de perles dans des tapis de Smyrne, profonds et doux, eut des oreillers de satin du Japon, où des cigognes étirent leurs ailes d'or, sous le sommeil de ses gros cheveux défaits.

Mais François Lugeolle ne se bornait pas à dépenser beaucoup pour qu'elle fût heureuse et triomphante. Son cœur, resté si jeune et si bon, son âme, ingénument extasiée, il les lui donnait, les lui abandonnait. Il fit plus encore : s'il ne cessa pas d'être poète, peintre, sculpteur, il ne le fut plus que pour elle, et par elle ; il ne lui sacrifia pas son triple génie, mais il le lui soumit.

Désormais ce fut Clémentine, transfigurée par la

magie de l'amour, qu'il chanta dans ses nobles vers ; elle était la nymphe idyllique des ruisseaux qui, voilée de vapeurs et craintive, trempe un pied dans l'eau vive, et s'échappe, effarouchée ; le bord rose de sa robe de déesse traîna comme un rayon d'aurore sur la neige des Olympes. Et il ne peignit plus que d'après elle, ne sculpta plus que d'après elle ! Avec cette effroyable joie qui torturait et ravissait le roi Candaule, il la montra presque nue, odalisque, ou Vénus, ou bacchante, dans ses chauds tableaux tout ensoleillés d'or et de pourpre ; éperdu de délice et jaloux jusqu'à la folie, il révéla par le marbre et le bronze les formes admirables de ce corps adoré ! De sorte que Clémentine Paget — à qui des rôdeurs de barrière avaient payé à boire — n'eut pas seulement la satisfaction d'être riche et de considérer les pièces d'or comme les petits cailloux des chemins, ne connut pas seulement l'ivresse d'être idolâtrée par un homme jeune et beau ; mais cette destinée fut la sienne d'être l'inspiratrice, illustre aussi, d'un créateur illustre, et de voir sa beauté, immortalisée par vingt chefs-d'œuvre, désormais impérissable, partager la popularité triomphale du génie !

Elle s'ennuyait affreusement.

Oui, elle s'ennuyait.

C'était en vain que, bonne fille au fond, elle s'efforçait de sourire, de paraître contente ; François Lugeolle voyait bien qu'elle n'était pas heureuse.

Elle avait de longs silences, couchée sur le sopha de l'atelier, les yeux au plafond, les bras ballants. Qu'était-ce qui lui manquait ? Ne possédait-elle pas tout ce que peut désirer une femme ? Quand il l'interrogeait, répétant : « Qu'as-tu, qu'as-tu donc ? » elle répondait, d'une voix lente, en cachant un bâillement : « Mais je n'ai rien, mon ami, » et redevenait silencieuse, tournait la tête vers le mur, voulait être laissée tranquille.

Pour la tirer de cette langueur chaque jour plus profonde, François Lugeolle tenta mille moyens. Peut-être n'avait-elle pas d'assez exquises toilettes, d'assez magnifiques bijoux ? Il vendit une maison qu'il avait, emprunta sur ses travaux futurs, dépensa tout chez les couturiers et chez les orfèvres. Elle sourit un instant, retomba dans sa tristesse. Il pensa que voyager réussirait à la distraire : en Italie, elle fut morne, elle ne voulait pas se lever, le matin, pour aller voir les villes ; en Ecosse, elle dit : « Retournons à Paris. » Revenus, il sortait avec elle, tous les jours, la conduisant lentement le long des vitrines, guettant si elle aurait dans les yeux l'éveil de quelque désir. Non. Elle regardait devant elle, vaguement ; elle s'arrêtait quelquefois devant ces magasins où l'on vend des photographies, mais peu longtemps, se remettait à marcher, sans parole. François Lugeolle eut une idée affreuse : elle regrettait sans doute son ancienne vie ! les gaietés sales des bouges, et les danses, et les propos gras, et le vin que l'on boit, en cheveux, sous les tonnelles des guinguettes. Profitant du carnaval, il la conduisit là où il l'avait prise ; elle resta morose, proposant de rentrer. Alors, ne sachant plus qu'imaginer, il craignit qu'elle ne le trouvât pas assez célèbre. Peut-être jugeait-elle qu'il ne l'avait pas chantée, peinte, sculptée avec assez de talent ? Il se mit à la besogne, fit son plus beau poème, exposa au salon de peinture une « Marozia chez le pape Jean X » qui excita l'enthousiasme de la foule, et, au salon de sculpture, une Vénus Pandémie qui obtint la médaille d'honneur ! Elle ne lut même pas les journaux où l'on parlait de lui, et d'elle. Elle se tenait dans les coins, la tête basse ; ou bien, debout, le front contre la vitre, elle regardait le concierge qui balayait la cour.

Un soir, en rentrant, il ne la trouva pas au logis ; et la nuit se passa tout entière, horrible, sans qu'elle revînt. Fou, des griffes de bête au cœur, il se mit à courir le quartier, interrogeant tout le monde. Chez l'épicier, il tomba sur une chaise, hébété, raconta son histoire à des cuisinières qui venaient faire leurs emplettes. Personne n'avait rencontré Clémentine. Le seul renseignement un peu précis fut donné par une marchande de journaux, qui avait vu la veille Mme Paget passer, vers huit heures du soir, au bras d'un très petit monsieur pas bien mis, gros, l'air drôle. François Lugeolle se jeta à travers Paris, au hasard, cherchant sa maîtresse. Qu'elle l'eût quitté volontairement, qu'elle l'eût trompé même, il ne pouvait pas en douter; la marchande de journaux devait avoir bien vu. Mais, torturé de l'abandon plus encore que de la trahison, il sentait que Clémentine lui était indispensable, que, sans elle, il ne pourrait pas vivre; et — lâchement — il s'avouait qu'il lui pardonnerait. Ce furent dix jours de courses, d'espoirs trompés, d'angoisses. Enfin il s'abandonna, vaincu, perdit jusqu'au courage de chercher! Un matin, rue de Maubeuge, il se trouva face à face avec elle, comme elle entrait sous une porte cochère, en peignoir de laine, un panier au bras.

Il lui prit les deux mains ; puis, sans reproches, des larmes dans les yeux, il se mit à parler tristement, doucement, tendrement; ne demandant pas d'explication, lui promettant de n'en jamais demander, la suppliant de revenir chez lui, voilà tout.

Un peu gênée d'abord, elle finit par répondre, en haussant les épaules :

— Non. Je ne veux pas. J'ai un autre amant.

Il frémit ; il se contint.

— Un autre amant ?

— Oui, je suis avec quelqu'un.

— Avec qui ?

— Avec Mousseron.

— Le photographe ?

— Juste. Qui loge là. Son nom est sur la porte.

Épouvanté, stupide, François Lugeolle reprit :

— Mais Mousseron a cinquante ans !
— Je ne sais pas.
— Il est chauve, affreusement laid !
— Je ne sais pas.
— Il est dans la misère ! il a fait faillite le mois dernier.
— Je ne sais pas.
— Et c'est pour lui que tu m'as quitté ?
— Puisque je te le dis.
— Mais pourquoi ? Explique au moins pourquoi, malheureuse fille ? s'écria François Lugeolle en se prenant la tête entre les mains.

Elle le conduisit devant un grand cadre à compartiments accroché à l'un des battants de la porte cochère.

— Pour cela ! dit-elle d'une voix haute, en levant fièrement le front.

Clémentine Paget, que tant de poèmes avaient chantée, qui avait triomphé sur les toiles frémissantes de vie, houri, nymphe adorable ou bacchante héroïque, qui avait été déesse dans l'immortalité du marbre, désignait de la main une carte photographique où elle apparaissait, à cheval sur une chaise, en corset, devant une armoire à glace.

L'AMOUREUX

DE

MADEMOISELLE MASSIN

I

Quand même la Vénus Accroupie se serait levée pour lui mettre autour du cou ses deux bras de marbre changés en caresses de chair, le baron de Hercelot n'eût pas senti le plus furtif frisson courir sur sa peau lourde et flasque comme une peau de fanon, et ses paupières molles, qui pendent, n'auraient pas eu un battement! Car c'en était fait : de tous les morts qui ont l'air de vivre, il était le plus parfaitement mort. Son cœur? pensez à un citron vide, sec, où des soupeuses, toute une nuit, ont tourné et retourné le faisceau pointu de leurs ongles. Sa conscience? une somnambule, pas lucide. Son estomac? le perpétuel lendemain d'un haut-le-cœur. Il n'éprouvait pas plus de joie quand passait en robe de printemps, dans le soleil des dimanches, une jeune fille qui rit, un peu rose sous l'ombrelle, qu'un chien n'a de plaisir à regarder une fleur; il considérait, dans l'aumône, la fatigue d'étendre le bras, et, dans le refus de donner, l'ennui de dire non; même après une promenade matinale le long de la fraîche rivière, il n'eut pas souri de voir fumer une grasse omelette d'or sous la tonnelle toute secouée d'un vent plein d'appétit. Ni les débauches savantes que préméditent en mettant leur corset ces maigres Parisiennes en qui revit, avec la furie des Marozia papales, l'ingéniosité chercheuse des Sabran et des Montboissier; ni le sang d'un vieux crime, lui rejaillissant à la face; ni les coupables alchimies d'un cuisinier diabolique, disciple à la fois du marquis de Sade et de Carême, qui aurait servi au baron des truffes ramassées sous une terre de Vésuve, et cuites, tout humides de tockay poivré, dans la peau d'un piment des Antilles, n'eussent réveillé en lui le désir, le remords, la faim. Et vous l'avez vu passer, devant Tortoni, bien des fois, ce Parisien monstrueux, lent, pesant, gras, blafard, épanouissant au soleil, comme une énorme chose sale, son obésité de cadavre noyé.

II

Il devint amoureux ! oui, amoureux, éperdument, tendrement, délicieusement amoureux ! Après un long dîner, où, par hasard, il avait bu sans trop de dégoût un ou deux verres de Château-Yquem, il était allé voir jouer *Nana* — un vieux mélodrame romantique qui, en ce temps-là, au théâtre de l'Ambigu, avait une grande vogue — et, soudain, pareil à un lycéen dont le cœur s'allume aux yeux ensoleillés d'une fille folle entrevue, il s'éprit d'une comédienne nommée Mlle Massin, qui tenait le principal rôle dans la pièce, aujourd'hui oubliée, de M. William Busnach. Et la passion qui se précipita en lui fut si franche et si chaude que ce mort ressuscita comme si on lui avait transfusé dans les veines tout le sang vif et pur d'un jeune homme ! Stupéfait et ravi d'exister, il remarqua, en sortant du théâtre, que le vent était frais, que les étoiles du ciel souriaient pensives et charmantes comme des yeux de jeune femme. Il respirait à pleins poumons, se gonflait d'air et de bien-être. Il eut faim ! il eut soif ! Il se sentait devenir bon. Il se souvint d'une famille d'Étampes qu'il avait ruinée, autrefois, du temps où il était à la tête d'une maison de banque : il résolut de faire du bien à ces pauvres gens. Rencontrant un homme qu'il connaissait à peine, il lui serra la main, cordialement, lui demanda : « Vos affaires vont bien ? » avec intérêt, et lui dit : « Au revoir », avec tendresse. Une pauvre petite marchande de fleurs, en haillons, pleurait dans l'encoignure obscure d'une porte ; il eut l'idée d'adopter cette enfant ! du moins, il lui donna un louis, et, la voyant rire, il faillit s'écrier : « Ah ! qu'il est doux d'être charitable. » Puis, toute la nuit, le front plein de rêves dans la fièvre de l'oreiller, il la revit, la puissante charmeresse qui l'avait, d'un seul regard, tout entier rajeuni et ravivé et renové ! Même, il se sentit si tendre qu'il fut sur le point de faire des vers.

Il n'était pas seulement redevenu jeune homme, il était redevenu enfant. Il eut des timidités exquises, frêles bourgeons d'une vieille branche.

Retourner au théâtre où jouait Mlle Massin? il n'osa point. Il avait comme une pudeur de retrouver sa joie. Pourtant, après s'être informé chez le concierge, en tremblant, de l'adresse, il osa écrire. Nous les avons tous écrites, quand nous étions petits, ces lettres ingénues à la fois et pédantes, où la sincérité des premières amours s'accommode d'avoir çà et là pour truchement les périodes copiées de quelque livre romanesque! Il lui disait qu'il se mourait d'amour; qu'elle lui avait révélé un monde nouveau, inconnu, idéal; qu'elle était son rêve fait femme ou ange peut-être; qu'elle lui avait donné une âme, un cœur; qu'il la respirait dans l'air, la voyait dans la lumière, la suivait dans le vent; et que, si elle ne consentait pas à être douce pour lui, il n'aurait plus qu'à se noyer ou à se pendre, oui, à se pendre, après avoir recommandé qu'on envoyât un morceau de la corde à Mlle Massin, afin qu'elle fût heureuse après qu'il serait mort! Il était si candide, à présent, qu'il ne songeait même pas à lui avouer qu'il avait cinquante mille livres de rente et un hôtel au Parc des Princes. Et il lui écrivit cinq fois, dix fois, vingt fois. Mais elle ne lui répondait point, ayant sans doute, la jolie femme, d'autres pensées. De sorte qu'il se mit à souffrir affreusement, et qu'il maigrit, et qu'il perdit pour elle l'appétit par elle retrouvé, et qu'il tomba malade. Elle apprit cela, elle fut émue. Pleine de pitié, —oh! de pitié seulement!—pour ce pauvre homme plein de tant d'amour, elle consentit à le recevoir, une après-midi.

III

Il montait l'escalier. Son cœur était si gros qu'il lui gonflait la poitrine. Il se cramponnait à la rampe, osant à peine avancer, avec une envie de fuir. Toute la troublante angoisse des jeunes rendez-vous, il la retrouvait, délicieuse. Il allait la voir! était-ce bien possible? elle serait là, et lui, près d'elle! Tant de bonheur, c'était la chimère, le rêve. Mais non, c'était vrai, bien vrai; il avait dans la poche de son pardessus la lettre où elle lui disait : « Je serai chez moi, demain, à trois heures. » Il se précipita, sonna, ne prit pas même le temps de donner son chapeau à la femme de chambre, entra dans le boudoir.

Mlle Massin avait poussé la clémence jusqu'à être, ce jour-là, plus jolie que jamais. Sous les reflets à peine d'or des rideaux de soie paille qui éteignaient les fenêtres et mettaient dans l'air comme du vieil ivoire épars, elle s'épanouissait, grasse et blanche, un peu rose, parmi les dentelles touffues de son peignoir gonflé ; les paupières baissées, comme lasses, sur ses yeux vagues, qui se meurent, la bouche rouge, entr'ouverte dans sa face pleine de gamin femme, elle penchait la joue sur une épaule de neige chaude, d'où s'écartait la guipure, et ramenait sous son menton le croisement soyeux de ses beaux bras sans manches. Et tous les parfums sortaient d'elle ! Le bout d'une mule de perles, où le pied était nu, dépassait le dernier volant du peignoir, comme le museau d'une levrette se glisse sous un rideau.

— Monsieur, dit-elle, asseyez-vous.

Et, à tout le sourire de sa beauté, — inconscient, qu'elle n'aurait pas pu ne pas avoir, — elle ajoutait, miséricordieuse, un sourire fait exprès.

Lui, cependant, devant cette jeunesse et cette belle grâce, il demeurait silencieux et morne, atterré. Ce n'était pas de la joie, ni de l'admiration, ni de l'amour qu'il avait dans les yeux ! mais du désespoir, de l'épouvante, de l'horreur. Il était devenu, tout à coup, effroyablement blême ; des tremblements, comme s'il était tombé dans de la glace fondue, lui secouaient le corps. Ah ! certainement jamais aucun homme, venant de perdre à la fois et son plus glorieux rêve et sa dernière illusion et l'honneur, — non, pas même Icare tombé du char céleste ! — n'a été aussi pitoyablement navré, brisé, vaincu, que l'était en ce moment le baron de Hercelot.

Il bégaya dans un étranglement de râle :

— Vous ! vous !... Quoi ! c'est vous !... C'est ainsi que vous êtes ?... blanche et rose... bien portante... fraîche... Dans la pièce, vous étiez...

Elle pouffa de rire.

— Mais je ne suis laide qu'au dernier tableau de *Nana !* dit-elle.

— Au dernier tableau ?

En effet ! le soir où il s'était épris de Mlle Massin, il était allé au théâtre, très tard, après un long dîner. Il comprit tout ! Crachant un blasphème, le visage dans les mains pour ne plus la revoir, il se détourna violemment, courut vers la porte, dégringola l'escalier, s'enfuit.

Maintenant il est retombé dans sa lourde apathie. Ni désir ni remords, ni soif ni faim. Quelquefois, pourtant, tout son être sursaute ; ses yeux se mouillent, pleins de la nostalgie de son rêve : il vient de se rappeler, brusquement, la déception suprême, et il sanglote, et il pleure sur sa chimère évanouie. Mais garde-toi de le bafouer ou de le mépriser ! car es-tu bien sûr, toi, Paris, qui es allé, en ce temps-là, durant cent soirées, applaudir la hideur et adorer la pourriture, es-tu bien sûr de ne pas avoir ressemblé à ce Monstre ? Et ceci est la morale de ce conte.

LA MERE D'ACTEUR

« Le coiffeur, elle l'avait flanqué à la porte de la loge en disant : « Une perruque ! est-ce que mon fils a besoin d'une perruque, avec des cheveux comme les siens ? » Elle avait prié l'habilleur de ne point se mêler de ce qui ne le regardait pas. « Pour habiller mon Emmelin, il n'y a que moi ! » Et en effet, elle-même, elle seule, avec ses vieilles mains grises, qui tremblent un peu, elle avait peigné, parfumé, lissé, tordu en boucles longues les fins cheveux d'or pâle du jeune homme; et c'est elle qui avait fortement tiré la soie du maillot rouge, noué la ganse des chaussures, agrafé le justaucorps, tuyauté du petit doigt la dentelle de la collerette, et, en soufflant dessus, donné à la plume de la toque l'air léger et fou d'une aile qui s'envole. Elle-même elle maquilla son fils ! Presque pas de blanc gras, un duvet de veloutine, comme qui dirait rien : il avait, sans artifice, une pâleur si fraîche et si claire ! De la neige transparente. Mais il fallut un peu de carmin au bord des narines, un peu d'azur au-dessus de la lèvre pour faire croire à de vagues moustaches qui ne poussaient pas encore, et surtout du noir sous les yeux. Les yeux, il péchait par là ; non pas qu'il fût louche ou bigle, ah ! bien oui, reluquez-moi un peu ces quinquets ! mais le regard n'avait pas la profondeur humide et chaude, la langueur fatiguée, qui plaisent à beaucoup de femmes. Ça se comprend, un homme, à dix-sept ans, c'est comme une petite fille. Bref, il fallait « corser » les yeux. Et quand la mère eut achevé, gesticulant et jacassant, de farder le jeune acteur, elle se tourna de notre côté, — face couleur de boue séchée, sale, moustachue, trouée de petite vérole, mamelonnée de verrues, mais transfigurée en ce moment presque jusqu'à la beauté par l'enthousiasme triomphal de l'amour maternel, — et elle cria, les poings sur les hanches : « Ah ! çà, vous autres, dites, est-ce qu'il y en a deux comme mon garçon ? »

Emmelin était, à la vérité, un adorable adolescent ; on l'avait fort remarqué au dernier concours du Conservatoire pour sa grâce presque angélique ; d'ailleurs, du talent déjà ; la témérité ingénue de son inexpérience était un charme de plus. M. de la Rounat l'avait immédiatement engagé, puis, l'ayant vu gracile et fin comme une très jeune femme, il le faisait débuter dans le *Passant*; ce soir, pour la première fois, le personnage de Zanetto serait tenu par un homme. Sous son joli costume de bohème florentin, le manteau sur l'épaule, la mandore à la hanche, Emmelin avait l'air hautain et délicat des impertinentes demoiselles de Shakespeare ou de Fletcher, qui se font, dans les aventures, les petits pages de leurs amants, et son visage pur, fier, tendre aussi, offrait une bouche d'enfant, qui était une délicieuse rose fraîche, d'où les vers s'exhaleraient, tout naturellement, comme des parfums qui chantent.

La cloche du régisseur sonna dans le couloir.

— Allons, va! dit la mère en sursautant au bruit comme une bête qui a reçu un coup de trique. Dépêche-toi, c'est le grand moment. Je n'irai pas dans la salle; ça me révolutionnerait trop de te voir. Si quelqu'un faisait : hum! hum! ou se mouchait, ou toussait, je l'étranglerais, sûrement. Toi, n'aie pas peur, au moins. Tu es joli comme un astre et tu as plus de talent que tout le monde. Je le sais bien, moi, ta mère! Puis, tiens, demande à ces messieurs. Voyons, file vite. Mes recommandations, tu t'en souviens, dis? ajouta-t-elle d'une voix un peu moins haute. L'avant-scène du rez-de-chaussée, à gauche, la première. C'est Mme de

Portalègre qui l'a retenue. J'en suis sûre, je me suis informée à la Location. Elle s'intéresse à toi, cette dame, depuis qu'elle t'a vu, aux Mirlitons, dans la *Nuit de mai*. Plains-toi donc! une comtesse! une vraie. Ça n'est pas mal pour commencer. Aussi sois poli avec elle. Regarde à gauche de temps en temps, — tu sais bien, mauvais sujet, comme ça, du coin de l'œil, — surtout dans les moments où tu dis des choses un peu tristes, à la fin de la grande scène. Ah! par exemple, si Léonie est dans la salle, car elle est capable de tout, cette effrontée! je te défends de faire attention à elle. On lui en donnera des Emmelins, à cette rien-du-tout! Mais veux-tu bien t'en aller? Je ne t'embrasse pas, ça ferait des marques. A tout à l'heure. Courage. Tu sais que je t'adore, mon bel amour chéri! Ah! on frappe les trois coups. Vite! vite!

Et quand elle l'eut poussé hors de la loge avec les mouvements fébriles d'une joie pleine d'angoisse, elle cria dans le couloir :

— La première avant-scène à gauche! N'oublie pas, mon trésor!

J'allais suivre le débutant et les deux journalistes avec qui j'étais venu dans les coulisses de l'Odéon; mais la mère d'Emmelin me retint par le bras, presque rudement.

— Vous tenez beaucoup à aller dans la salle? dit-elle d'une voix saccadée. Vous n'avez pas de feuilleton à faire, vous. Restez, voulez-vous? Nous bavarderons. Si je n'avais personne pour parler, je me mettrais à pleurer comme une Madeleine, ou je casserais quelque chose.

Je la regardai. Elle était vraiment en proie à une agitation extrême. Son visage, dans des secousses de frisson, se plissait par rides brusques; ses petits yeux ronds, sans cils, flambaient comme deux billes de feu; on voyait distinctement battre ses tempes où volaient des mèches grises; et, dans la loge étroite, elle allait, venait, d'un mur à l'autre, les mains crispées derrière le dos, ou les dix ongles aux dents. Je m'assis et lui dis :

— Vous aimez bien ardemment votre fils, madame ?

— Si je l'aime! Seigneur Dieu! Si je l'aime! Mais, ce chérubin-là, c'est ma chair, mon sang, mon cœur, ma moelle, mes entrailles, ma vie! Ah! bien, en voilà une question! Il faut vous dire, monsieur, que j'étais déjà presque vieille quand je l'ai eu; les jeunes femmes, c'est naturel qu'il leur vienne des bébés; elles en sont contentes, pas étonnées. Mais moi, à quarante-quatre ans! j'ai eu beaucoup plus de joie à cause de la surprise. Et puis les bals, la toilette, et la bagatelle, à un certain âge, t, u, tu, c'est fichu, et, comme je n'avais plus rien, Emmelin a été tout pour moi. Avec ça, il était le plus joli des séraphins du bon Dieu! si blanc! si rose! un ange fait avec de la neige et des fraises. Le matin, quand je le lavais, je le mettais tout nu devant l'armoire à glace, le doux mignon, pour en voir deux. Mais j'avais bien de la peine aussi. Il n'était pas robuste du tout. A cinq ans, il en paraissait trois, petit, trop gras, mal dégourdi, tombant chaque fois qu'il voulait courir. Je puis dire que j'en ai passé de ces nuits sans fermer l'œil, à écouter son souffle, à lui toucher le front pour voir s'il avait la fièvre, à suer froid en pensant qu'un de ces matins on le coucherait dans une boîte et qu'on le porterait dans la terre ! Enfin, il gagna des forces, grâce à l'huile de foie de morue. C'était très difficile de la lui faire prendre ; il ne se décidait jamais à vider sa cuillère, si je ne commençais pas, moi, par boire à même la bouteille, et longtemps, et il ne fallait pas tricher, je vous assure. Il y avait des semaines où j'avalais plus d'un litre d'huile ! Il riait de me voir faire la grimace. C'était gentil, n'est-ce pas ? Mais voilà que, plus tard, à douze ans, il a attrapé la petite vérole. Entre la vie et la mort pendant six semaines ! Vous me voyez d'ici. Une folle ! oui, j'étais une folle. S'il ne mourait pas, il serait laid toute sa vie, lui qui était si beau. Heureusement, la concierge de notre maison avait dit un jour, devant moi, sans faire attention, que pour sauver quelqu'un qui avait la petite vérole, il suffisait de faire coucher avec le malade une personne bien portante ; celle-ci prenait la maladie, et l'autre guérissait, n'était pas même marqué. J'ai gardé Emmelin dans mon lit quinze nuits et quinze jours, l'embrassant, le serrant contre moi, le baisant partout sur son mal! Je ne me levais que pour lui donner ses tisanes. Et, vous voyez, ça a réussi, ajouta la mère en se penchant pour me faire mieux voir sa face hideusement criblée de trous gris et toute rayonnante d'un joyeux orgueil!

Elle se remit à marcher.

— Et j'en ai eu encore, des histoires, à cause de lui. Mon mari était un excellent homme; je ne lui avais apporté en dot qu'une toute petite rente, il faisait, pour nous aider à vivre, une rude besogne, vous pouvez le croire! Chauffeur, sur la ligne d'Orléans. On n'a pas idée comme c'est éreintant, ce métier-là, et justement mon mari n'avait pas plus de force qu'un poulet. Ça me crevait le cœur, de le voir s'échigner. Que voulez-vous! il fallait payer la pension et les nippes du petit, qui était joliment bien mis, je vous promets, pour un fils de pauvres gens. Aussi j'adorais mon homme et je le respectais comme le bon Dieu sur la terre. Mais ne se fourre-t-il dans la tête de mettre l'enfant en apprentissage chez un carrossier? C'était trop fort! Voyez-vous Emmelin ouvrier, en blouse, avec des mains calleuses, non, dites, vous figurez-vous cela? Emmelin qui était si frêle que j'avais toujours peur de le casser en l'embrassant, et si joli que je ne pouvais pas sortir avec lui sans que les belles dames, dans les promenades, ne courussent après nous pour lui donner des bonbons. On se chamailla, vous pensez ! Mon mari tenait à son idée ; pas moyen de l'en faire démordre. Alors, un beau matin, je ne fis ni une ni deux — j'avais le cœur bien gros tout de même ! — je dis à mon fils : « Allons-nous-en », et je ne remis plus les pieds à la maison.

Elle s'interrompit dans un grand soupir.

— Pauvre vieux ! reprit-elle. Ça lui porta un coup terrible. Il est mort, tout seul, six mois après, en me traitant de dévergondée. Mais, voyez-vous, ce que j'avais fait, je devais le faire. J'avais mon idée ! Puisque Emmelin commençait à aller sur ses quatorze ans, je voulais qu'il entrât au Conservatoire ; au lieu d'être un ouvrier, il serait un artiste.

— Sans doute vous aviez remarqué en lui une vocation impérieuse ?

— Ah ! monsieur, il n'y avait qu'à l'entendre dire ses fables pour deviner ce qu'il devait être un jour ! Il récitait avec une voix si douce et si caressante, que ça donnait chaud dans le cœur, et il avait des gestes si câlins, des petites mines si drôles, il clignait les yeux si à propos, que même les gens qui ne s'y connaissaient pas s'écriaient : « Ah ! pour sûr, ce sera un grand comédien ». Cependant, au Conservatoire, ça n'alla pas tout seul, d'abord. Non, on ne s'imagine pas ce qui se passe dans cette boîte-là ! Les protections, les passe-droits, le cousin de l'un, par ci, le neveu de l'autre, par là ; ça m'écœurait, parole ' Puis, l'argent nous manquait. Avec douze cents francs par an, ce n'est pas commode de payer le logement, la nourriture, l'habillement de deux personnes ; les leçons particulières coûtent très gros aussi ! Heureusememt, je suis encore solide pour mon âge, et le travail n'est pas ce qui m'épouvante. Je me fis femme de ménage, garde-malade ; la nuit, quand je ne veillais pas des femmes en couches, je cousais à la mécanique pour des magasins de confection. Une petite de la classe de violon qui avait eu trop envie d'avoir un accessit, me donna son enfant en garde ; douze francs par semaine, c'était toujours cela. Bref, on s'en tirait. Ce qui était le plus difficile, c'était de trouver le temps pour donner la réplique à Emmelin quand il étudiait des rôles et pour l'accompagner au Conservatoire, car vous comprenez bien que je ne le laissais pas sortir seul ! Ah ! bien, fait comme il est, on n'aurait pas tardé à me le prendre. Il y a tant de mauvaises femmes ! Rien que d'y penser, je frémis des pieds à la tête. Aussi, éreintée ou non, j'allais avec lui ; je n'entrais pas, parce que ça aurait fait rire ses camarades de le voir surveillé par sa maman ; je l'attendais à la porte, rue du Faubourg-Poissonnière, pendant des heures ; lorsque j'avais passé la nuit à faire des cataplasmes, c'était dur ; quelquefois je dormais tout debout, sous la pluie, dans la crotte. C'est là que j'ai pris mon catarrhe.

— Enfin, madame, vous êtes hors de ces traverses. Votre fils a eu un second prix de comédie...

— Une infamie! Il méritait le premier prix, et plutôt deux fois qu'une. Pourtant nous sommes hors d'affaire, comme vous dites. Emmelin est engagé à l'Odéon, et j'espère bien que le public sera plus juste que le jury.

Elle s'arrêta en face de moi.

— Mais, voyez, me dit-elle, comme il arrive de drôles de choses dans la vie! Croiriez-vous que tant de chagrins, de privations, d'efforts, ont failli n'avoir servi à rien?

Je l'interrogeai du regard.

— Et cela, continua-t-elle avec un geste de violente colère, à cause d'une grue dont on ne voudrait pas pour jouer les troisièmes ingénues dans un théâtre de banlieue! Léonie. Vous savez bien?

— Léonie?

— Une nouvelle, qui est dans la classe de Delaunay. Blonde fadasse, avec de grands yeux tout bêtes, comme des yeux de brebis. On croirait qu'elle va bêler.

— Non, je ne la connais pas.

— Je vous en fais mon compliment! Eh bien, monsieur, Emmelin s'était amouraché d'elle. Moi, je ne me doutais de rien, je les laissais parler ensemble, je pensais que ça ne tirait pas à conséquence. Une bête j'étais! Il y a deux mois, Emmelin me déclara, en fondant en larmes, que Léonie était un ange, qu'il n'aimerait jamais une autre femme qu'elle, et pa ta ti et pa ta ta, un tas de bêtises enfin, et que si je ne voulais pas qu'il l'adorât à sa guise, — je crois, Dieu me pardonne, qu'il parlait de l'épouser! — il se ferait sauter la cervelle. Alors, voyez-vous, je me suis mise dans une telle rage que j'ai cru que j'aurais un coup de sang. Lui! mon Emmelin! amoureux d'une sainte-n'y-touche, qui n'a ni talent, ni argent, qui est la fille d'une concierge, et que sa mère, avant six mois, aura vendue au premier venu, s'il se trouve un premier venu assez godiche pour acheter une pareille marchandise! Des gens propres, allez. Je l'avais jugée tout de suite, cette mère-là; et même avant qu'Emmelin m'eût mis le pot aux roses sous le nez, je ne me souciais pas de la fréquenter, parce que, s'il y a quelque chose au monde qui me dégoûte, c'est une femme assez ignoble pour trafiquer de son enfant. Aussi, ça n'a pas été long; Emmelin a eu beau geindre, pleurer, m'embrasser, se pendre à mon cou, « petite maman par ci, petite maman par là », je lui ai défendu, carrément, de parler à Léonie; et, le lendemain, j'ai flanqué à la demoiselle, dans la cour du Conservatoire, une paire de claques qu'elle n'oubliera pas de sitôt. J'en ai eu mal à la main, vrai!

— Vous êtes bien sévère, madame. Si ces deux enfants s'aimaient, le bonheur de votre fils.....

— Hein ? Quoi ? Comment dites-vous ? Le bonheur de mon fils ? Emmelin aurait été heureux, parce qu'il se serait acoquiné avec une sans-le-sou ? Alors, il ne faut pas boire et manger dans la vie ? Vous croyez que c'est gai, même quand on s'adore, de traîner la misère ? Minute ! pas de ça, Lisette ! Avec le talent et la beauté qu'il a, Emmelin a autre chose à faire que de roucouler pour une pauvresse dans une mansarde sans meubles. En voilà une idée, par exemple ! Dites donc, est-ce qu'on ne voit pas, à Paris, et à l'étranger, des artistes, — comédiens ou ténors, — qui ne le valent pas, et qui ont des hôtels, des chevaux, des voitures ? Oui, oui, il faut le temps, je sais bien qu'on n'arrive pas tout de suite à gagner de gros appointements. En attendant, on s'arrange. Je connais le monde, voyez-vous. On est adroit, on se faufile dans les salons, pour dire des vers d'abord; les boudoirs, ce n'est pas loin des salons. Des comtesses qui ont bon goût, cela se rencontre, — tenez, il y en a une, ce soir, dans la salle, justement, — et l'on trouve aussi des marquises, des princesses quelquefois, ou des filles de banquier, qui ne sont pas à dédaigner non plus. Ah ! je ne conseille pas à Emmelin de se marier; il est trop jeune; puis, il vaut toujours mieux ne pas prendre des engagements qu'on ne peut pas rompre même en payant un dédit. Mais, sans se marier, il y a des occasions. En tout bien tout honneur, vous m'entendez. Enfin je dis, moi, que par la protection des femmes, on peut arriver à tout, à la gloire, à la fortune...

Je me levai avec un haut-le-cœur.

— Et sans doute, vous espérez, lui dis-je durement, qu'une fois célèbre et riche par de tels moyens, votre fils reconnaîtra généreusement les services que vous lui aurez rendus?

Elle devint toute pâle! Et, la voix secouée d'une indignation évidemment sincère :

— C'est infâme, ce que vous pensez! Est-ce que j'existe, moi? Est-ce que pour moi il y a au monde autre chose que mon fils? Ce que j'espère, c'est pour lui, pour lui seul! Qu'il soit plus beau, plus brillant, plus fier que tous les autres, c'est ce que je veux, et quand il sera tout cela, quand il n'aura plus rien à désirer de tout ce qu'on envie, alors, je serai contente, et je disparaîtrai, et j'irai vivre dans quelque petite ville, bien loin, avec mes douze cents francs de rente. Ah! seulement je m'abonnerai aux journaux pour lire ce qu'on écrira de lui.

En ce moment, un bruit violent d'applaudissements, répété, répété encore, parvint jusqu'à la loge.

— Il a réussi! cria la mère en s'élançant.

Je la suivis. Folle de joie, elle allait par les coulisses, cherchant son fils. Les gens qu'elle rencontrait lui disaient : « Très bien, très bien, je vous félicite, c'est un grand succès! » Elle riait, tout en courant. Elle criait : « Emmelin! Emmelin! où es-tu? » Mais elle ne le trouvait pas. Où pouvait-il s'être fourré? Enfin un garçon de théâtre dit : « En sortant de scène, M. Emmelin a mis un paletot sur son costume, et il s'en est allé de ce côté, par le petit escalier.....

— Seul?

— Non, avec une dame. »

J'étais tout près de la mère, je vis ses yeux s'enflammer d'un redoublement de joie, et je l'entendis murmurer :

— Avec Mme de Portalègre, c'est sûr! elle sera venue le chercher. Faut-il qu'elle soit folle de lui, tout de même !

Mais le garçon de théâtre continuait :

— Avec une dame, qui est restée sur le théâtre pendant toute la pièce. Je crois que c'est Mlle Léonie.

La mère poussa un cri qui fit accourir acteurs, machinistes, pompiers, et, toute raide, l'air d'une cataleptique, les yeux démesurément agrandis et pleins d'une épouvante désolée, elle se laissa choir, comme une planche s'abat, en râlant : « Perdu! C'est fini, il est perdu ! »

Je n'ai pas pu regarder sans pitié cette vile et misérable femme qui, à sa façon, hélas! était une bonne mère.

8

ARISTE VINCELOT

Celui-ci est horrible ! et son infamie avérée, par lui-même avouée, se vautre et se complaît et rit dans une telle crapule que la plume, au moment de le portraire et de le dénoncer, hésite, n'ose pas, s'épouvante des mots qu'il faudra écrire ! L'observateur redoute de se pencher vers cette conscience-crapaud, dont les pustules, si elles crevaient, l'éclabousseraient d'ignominie. Et cependant, qui donc affirmerait — car nul ne sait la vérité intime des choses, car nul ne sait ce que serait devenue une vie si, dans le carrefour où le hasard sert de guide, elle eût choisi une voie plutôt qu'une autre. voie — qui donc affirmerait que cette âme abominablement abjecte n'aurait pas pu être pure et sublime ? Hélas tout est obscur; soyez pleins de pitié en même temps que de mépris. A ce gredin, pour être un honnête homme, à ce lâche, pour être un héros, il n'a sans doute manqué que d'avoir, à vingt ans, une blouse sur les épaules et un outil dans la main.

I

Demandez à la petite Léo, — vous savez, celle qui est si gracieusement grasse et qui a aux lèvres un sourire de bonbon rose, toujours prêt à fondre, — demandez-lui à la petite Léo si elle connaît Ariste. « Tiens, parbleu! il me doit toujours cinq cents francs que je lui ai prêtés pour payer son tailleur. » Interrogez Anatoline Meyer, qui est aux Bouffes après avoir débuté aux Folies-Marigny. « Ariste Vincelot? Il m'a volé une reconnaissance de bracelet, que je l'avais chargé de vendre à la marchande à la toilette de la rue de Châteaudun. » Adressez-vous à la grosse Constance Chaput, si grosse que, pour figurer dans une féerie, au Châtelet, elle a pu se servir du maillot qu'avait porté M. Dumaine dans un drame de Victorien Sardou. « Ariste? si je le connais? j'ai eu une toquade pour lui. Il venait jouer au besigue, dans ma loge, tous les soirs. Ce qu'il m'en a gagné, de pièces de cent sous! » D'autres vous fourniront des renseignements analogues. Et la belle jeune femme, — est-elle belle? les échos de théâtre n'ont pas cessé de le dire; est-elle jeune? elle n'a pas cessé de le croire, — la belle jeune femme qui vient de vendre sept cent mille francs à un marchand de vins en gros l'hôtel que lui avait vendu, beaucoup moins cher, un ancien marchand de suifs douze fois millionnaire, ne manquera pas de vous répondre, car elle a de vives franchises : « Je l'ai eu pendant un mois, Ariste! Une fois, il était sous le canapé, pendant que je causais avec le prince; et il a profité de ça pour chiper dix louis dans le gilet de Son Altesse, qui était tombé sur le tapis. »

Elles diront vrai. Car, de tous les hommes que les hommes méprisent, Ariste Vincelot est le plus parfaitement méprisable; et jamais une main honnête ne serre sa main, dans le monde si facile pourtant, ou si distrait, des journaux et des théâtres. Aucun métier, fût-il peu avouable! Aucune fonction, fût-elle chimérique! Il ne se donne même pas pour l'un des associés du marchand de billets qui a été condamné, le mois dernier, à deux ans, pour délit d'usure; il n'a même pas écrit dans la petite gazette de musique dont le rédacteur en chef, naguère, pour avoir voulu faire « chanter » Mlle Lucignol, de l'Opéra-Comique, a été roué de coups de canne par le comte Saratoff; il n'insinue même pas qu'il sera secrétaire du théâtre d'opérette qu'un ancien directeur du Concert-Rossini doit faire bâtir, dans six mois, sur les bords de la Bièvre. Ce qu'il est, il l'est ouvertement, ne veut pas de prétexte, dédaigne l'excuse, proclame sa bassesse avec un cynisme bon enfant, qui pouffe de rire et vous regarde en face. Oui, il vit avec les filles, et des filles, dans une ignominie contente et patente! Toujours fourré, le soir, dans les coulisses des bouisbouis, assis sur les malles à costumes, il aide aux changements, conseille les décolletages, lit à haute voix les lettres qu'on apporte, donne des avis, s'empare des bouquets, — qu'il revend à la bouquetière; c'est lui qui va chercher des moos, et il ne rend pas la monnaie! A une heure du matin, il accompagne jusqu'au café du Helder, dans un fiacre qu'il payera sur les cent sous, celles qui sont attendues, ou ramène chez elles celles qui, cette nuit-là, rentrent seules, profite de cette solitude! et dit carrément, le lendemain, en se faisant la raie devant la glace, qu'il sera flanqué à la porte de son hôtel s'il ne donne pas quarante francs avant midi. Puis, de bon matin, amant-factotum, il fait les courses, va porter un acompte chez l'huissier, — il en fait accepter la moitié, grâce à son éloquence, et se réserve l'autre moitié, naturellement ! — revient, ne montre pas le reçu, déjeune après avoir aidé la cuisinière, s'offre à monter dans la voiture où ne s'assoiraient même pas ceux qui l'ont payée, dit, avant d'arriver à la Cascade : « Prête-moi ton porte-monnaie, pour payer les consommations », garde le porte-monnaie, même quand on le lui réclame, réussit à se faire demander, vers six heures : « Tu dînes avec moi, hein ? » et, après le théâtre : « Eh bien ! est-ce que tu ne montes pas, grande bête ? »

Car elles ne se bornent pas à le tolérer, pauvres filles, elles l'aiment, à leur façon.

Non pas qu'il soit beau ! Il a quarante-cinq ans; sa barbe et ses cheveux d'un roux terne lui rampent sur la face par touffes bourrues, ses cheveux jusqu'aux sourcils, sa barbe jusqu'aux pommettes; deux épaisses lèvres pâlies, pareilles à la bouche d'un nègre malade, crèvent sa peau briqueteuse, çà et là plus rouge, d'une rougeur de lie ; et sur ses gros yeux, salis de bile, très saillants, des stries de sang s'étirent et s'enchevêtrent comme des fils de safran sur des jaunes d'œufs. En outre, petit, lourd sans être gras, trapu, il se piète et se dandine dans une carrure populacière. Bref, « pas distingué ». Canaille, au contraire, et jovial, affectant des allures d'ancien faubourien qui a fait son éducation de viveur dans les cafés-concerts de banlieue, tenant du peintre en bâtiment et du chanteur comique, il mêle de grosses grivoiseries et des scies au rire arsouille des dimanches avinés. Mais, à cause de cela même, il leur plaît, à ces filles! Se souvenant des Dourlans et des Boule-Noire d'autrefois, tout pleins de saouleries ; vaguement nostalgiques des premiers trottoirs, dans les rues qui montent, et des poussées libertines, parmi les engueulements, à la porte des marchands de vins, cela les allume de retrouver par lui, dans leur boudoir et malgré sa redingote, la grossièreté joyeuse des amoureux en bourgerons et des noces sous les tonnelles de mastroquets. Il leur parle au moins, lui, le langage qu'elles n'ont pas oublié, et les calembours qu'il fait, elles les comprennent ! Elles en ont eu vite assez, des gommeux, qui ne sont pas toujours bêtes, et des étrangers, qui sont souvent polis. Faire la fête avec un camarade qui leur ressemble, à la bonne heure ! Embêtants, les restaurants chic. C'est rudement bon de se griser avec du vin au litre.

II

A son ignominie, il se mêle du mystère. L'argent qu'il accepte, ou qu'il vole, qu'en fait-il ? Il porte des complets de quarante-neuf francs, fume des cigares d'un sou, dîne dans des crèmeries quand Anatoline ou Constance ne l'emmènent pas chez Bignon. Est-il avare, le gredin ? Est-ce qu'il thésaurise, l'infâme ? Un jour, peut-être, on apprendra qu'il a des rentes. Une chose plus étrange encore que sa pauvreté, ou sa ladrerie, c'est la tristesse dans laquelle, parfois, il tombe tout à coup. Brusquement, au milieu de ses gros rires et de ses histoires grasses de voyou en belle humeur, à table ou dans les loges toutes flambantes de gaz, ou sur les oreillers de dentelles, il se tait, détourne la tête, laisse tomber ses bras, inerte; sa lèvre pend, comme découragée des vils propos et des baisers plus vils; et ses gros yeux gouailleurs s'attendrissent, humides, avec l'air de suivre au loin une vision charmante et pure, apparue et disparue...

III

Le mois dernier, un soir, — un soir rose et clair de printemps, — quelqu'un qui passait dans une rue de banlieue, s'arrêta, charmé, devant le petit jardin d'une maisonnette en briques. Derrière la grille, à travers les branches d'un seul acacia, qui pendaient, fleurissantes, et où s'endormaient des batteries de moineaux, on voyait pâlir la rougeur de l'étroite façade escaladée des vignes folles et trembler, d'une lueur d'or, les vitres. Une calme demeure, qui s'écarte, comme timide, dans le faubourg lointain où montait l'ombre, où s'atténuaient les bruits. Mais ce n'était ni la maison paisible, ni le jardinet chantant et fleuri que le passant regardait surtout. Là, devant le perron, que décoraient deux plantes grasses évasées dans des pots de faïence bleue, une famille, — la femme, le mari et trois petits enfants, — prenait le frais, assise autour d'une table de fer peint en jaune de rotin, les têtes penchées l'une vers l'autre, parlant bas avec des rires doux, qui, par instants, s'envolaient plus vifs. Le mari tournait le dos à la grille ; mais celui qui regardait put voir que la mère était encore jeune et jolie, avec ses fraîches joues un peu rosées de sang, avec ses grands yeux bleus, clairs, honnêtes, qui souriaient; et les trois enfants, gras et rougeauds, sous leurs boucles blondes, mêlées, ouvrant toutes grandes leurs petites bouches, — extasiés sans doute à quelque récit du père, — étaient comme dans les tableaux de sainteté ces faces de chérubins qui s'inclinent pour entendre sainte Cécile jouer du violoncelle. Le passant fut pris d'une profonde et délicate mélancolie. Devant ce ménage heureux, — d'ouvriers aisés, peut-être, ou de petits bourgeois, car la robe de la femme, à peine élégante, mais neuve, était en grêle soie mince, et les enfants avaient des tabliers d'école, — devant cette paix, devant cette joie tendre et sereine, abritées là, si près de la ville et si loin, il se sentit, ce Parisien, plein du regret des heures vainement dépensées et du remords des faux plaisirs. Et longtemps, bien longtemps, — car la famille, dans le jardin, ne s'occupait que d'elle-même, — il les contempla, les enviant, lui, triste et tourmenté, ces tranquilles, ces heureux.

Il frissonna et recula vivement.

Le mari s'était levé, s'avançait vers la grille... C'était Ariste Vincelot.

Oh! était-ce possible? Ariste, habitué des coulisses dans les théâtres à maillots, venait dans cette maison, y logeait peut-être? Ariste, amant payé des figurantes de féeries, avait cette femme et ces enfants? Le passant, qui s'était vivement écarté, regardait toujours, le dos appuyé à la muraille, tournant les yeux seulement. Il ne s'était pas trompé! Alors, il se rappela que l'on avait parlé, en effet, du mariage d'Ariste avec on ne savait qui, autrefois, et, grâce à ce souvenir, il eut, dans une clarté rapide, le soupçon de l'extraordinaire et effrayante vérité.

Cependant Ariste, presque à genoux devant la grille, serrait contre sa poitrine les trois têtes unies de ses petits enfants; il les baisait dans les cheveux, passionnément, ayant les yeux luisants d'heureuses larmes, mêlant à ses baisers des bavardages et des rires ; et la mère disait, d'une voix triste et douce :

— Comme c'est ennuyeux que tu viennes si rarement et que tu t'en retournes si vite ! Je le déteste, ce bureau, qui te prend toutes tes journées et tes nuits aussi, bien souvent. Est-ce que tu ne pourrais pas trouver un autre emploi, dis?

Il frémit visiblement, comme sous un coup de vent froid, répondit : « Non, c'est la seule place qui me convienne, je n'en trouverais pas d'autre; » embrassa encore ses enfants, sauta au cou de sa femme, et s'éloigna rapidement. Quand celui qui avait assisté à cette scène le rejoignit au bas de la longue rue, Ariste montait dans un fiacre en criant au cocher : « Au théâtre des Fantaisies-Parisiennes! » En ce moment, un ouvrier passait, revenant de l'atelier, les outils dans un sac de cuir sur l'épaule. Il entendit l'adresse donnée au cocher. Il ricana et dit : « Bon! encore un propre à rien qui va se donner du bon temps. » L'ouvrier se trompait. Ariste Vincelot allait à son travail.

LA DUCHESSE DE COUAREC

I

Nous marchions dans l'allée de platanes, George et moi, sans parler. C'était un de ces soirs d'automne, tièdes, tendres, dolents, qui vous ensommeillent si languissamment l'âme, et font que tout votre être, dilaté, épanoui, épars, se mêle à la rêverie crépusculaire des choses, et s'y pâme. Sous le ciel sans nuée, où blêmissait l'enchantée mélancolie de l'azur, derrière le château ancien qui n'allumait pas encore ses fenêtres et dressait, toute noire, sa masse rectangulaire aux quatre fortes tours, la lune lentement montait, pleine, sans halo, blanche, développant sur les toits, sur la terrasse, sur les corbeilles du parterre et sur les arbres profonds, et sur tout le lointain paysage, son immense pâleur diaphane, pareille à un filet de crêpe d'argent.

Je m'arrêtai, ravi.

Là, tout près de nous, — mais sans doute elle ne nous voyait pas à cause des branches qui épaississaient la pénombre, — la duchesse de Couarec était assise devant un buisson de roses défleuries, ayant entre ses genoux la petite Lola, sa fille, qui lui riait sous les lèvres. Depuis six jours que j'étais en villégiature chez le duc, j'avais bien des fois admiré la belle jeune femme ; jamais elle ne m'était apparue aussi adorablement exquise et pure que ce soir, dans la douceur de la lueur nocturne et du jardin apaisé. Toute blanche en sa longue robe traînante que la lune enveloppait d'une peluche de neige, le buste à demi penché avec la courbe d'une tige svelte de lys, elle inclinait sous l'or pâli de ses bandeaux, qu'avaient un peu défaits les caresses de l'enfant, son grave et doux visage où la sérénité du sourire s'extasiait de tendresse, où les regards avaient la candeur auguste qui rêve dans les yeux peints des Mères virginales. Le mystère de l'heure ajoutait à cette vision tout le lointain du songe. Et, quand la duchesse, plus inclinée encore vers son

9

petit ange épanoui et rose, le baisa longuement au front dans leurs cheveux mêlés, je sentis se répandre en moi, comme une eau délicieuse et fraîche, le bon exemple de l'immaculé amour et de la pureté infinie.

Avais-je parlé haut, en rêvant ? c'est probable; Georges me dit à l'oreille, d'une voix rude, où tremblait de la colère :

— Et cependant si la foudre de Dieu tombait sur cette femme, et l'écrasait, la foudre ferait bien! Car, vraiment, les Cléopâtres fatales, meurtrières amantes des esclaves nubiens, et les cyniques Messalines, et les Faustines effrénées, et ces reines de France que posséda le sanglant démon Luxure, furent moins abominables qu'elle.

— Es-tu fou ? m'écriai-je.

— Non. Viens.

Il m'entraîna vers le fond plus obscur de l'allée.

II

« Tu as connu Albin de Cernac ? Doux, beau, hardi, un vrai jeune homme. Il aimait la duchesse, d'une passion profonde, sans bornes, absolue. Mais sans

espérance, oh! sans aucune espérance! Être aimé de
Mme de Couarec, est-ce que c'était possible? N'était-
elle pas la plus chaste en même temps que la plus
belle? Parfaite épouse, mère admirable, n'avait-elle
pas traversé le monde méchant qui médit et calomnie, sans que jamais un soupçon l'effleurât? Pieuse,
d'ailleurs, d'une piété un peu farouche, s'acharnant
à faire son salut avec son obstination de Bretonne.
De sorte que, malgré sa fortune et sa beauté, —
sa beauté incomparable ! — la solitude peu à peu
s'était faite autour d'elle. Elle acceptait, elle aimait
cet isolement. Loin des hommes, on est plus près
de Dieu. Quand elle consentait, sur la prière de
son mari, à paraître dans quelque fête, elle venait tard, se retirait tôt, ennuyée, un peu sévère ;
son affabilité mondaine, visiblement, n'était qu'une
résignation de son austérité ; à cause de cela, il
se mêlait de la gêne au respect qu'elle inspirait ;
quand elle était là, on avait froid comme dans
une chambre où il y aurait une statue de neige.
Eh ! bien, cette femme, un soir, tout à coup, — ce
fut ici, oui, dans ce château où nous sommes, —
cette femme dit à Albin de Cernac, très vite, très
bas, en lui offrant une tasse de thé : « Je veux bien.
Cette nuit. Chez moi. » Et, cette nuit-là, avec l'emportement d'une passion longtemps contenue et
fière de s'avouer enfin, elle se donna à lui, tout entière ! Comment il l'avait méritée, comment il avait
pu obtenir, — sans la demander ! — la réalisation

soudaine de son dévorant désir, il ne le comprenait pas, n'essayait pas de le comprendre. Il s'agenouillait, presque effrayé, il la regardait, ébloui ; et elle, dans l'effronterie superbe de sa joie : « Oui, oui, oui, je t'adore ! » Mais, quand le jour fut sur le point de paraître, des timidités la prirent. S'il allait, en sortant de la chambre, faire du bruit dans l'escalier, éveiller quelqu'un ? C'était terrible d'imaginer seulement cela. Que faire ? Albin pensa à la fenêtre. Une folie. La chambre de la duchesse se trouve au second étage de la tourelle de gauche, et, au-dessous de la croisée, — tiens, tu peux la voir d'ici, — s'ouvre profondément l'ancien fossé où ont roulé les pierres des remparts en ruine. Fuir par là, impossible. Mais non, possible, facile même, grâce à une précaution qu'elle avait prise. D'une armoire, elle tira une longue corde à nœuds, enroulée comme un câble de marine, — une corde de soie, mince, solide. Albin n'hésita pas ; il était brave, se savait agile et robuste. La corde fut attachée au rebord de la fenêtre ; il enjamba l'appui, — après l'ineffable baiser d'adieu, — et se mit à descendre le long de la muraille, dans le crépuscule, les yeux levés vers elle, qui se penchait, adorable, parmi ses cheveux dénoués. Pour la regarder encore, il oubliait tout, la cordelette qui pouvait rompre, le sombre gouffre béant. Mais, soudain, il vit luire quelque chose entre les doigts de la duchesse : des ciseaux ! et elle coupa la corde, et le malheureux, tombant d'une hauteur de quinze mètres, se défonça le crâne sur les pierrailles du fossé. »

III

J'avais écouté sans interrompre ; je criai enfin :
— Ce n'est pas vrai !
— Un peu après le lever du soleil, un domestique entendit des plaintes faibles. On accourut, on releva Albin tout sanglant. D'une voix qui allait s'éteindre, il murmurait qu'en se promenant, dès le matin, autour du château, il avait glissé sur le rebord du fossé. Mais je restai seul, auprès de lui, dans la chambre où on l'avait couché, et, près de mourir, il m'avoua tout.
— Non ! Pourquoi la duchesse aurait-elle commis ce crime ?
— Les morts ne parlent pas.
— Oh ! ce serait épouvantable !
— Tu doutes encore ? eh bien, écoute, la duchesse est là. Va près d'elle, et dis-lui, comme par hasard, cette phrase banale, en la regardant embrasser sa fille : « Vous êtes bien heureuse, madame, et digne de votre bonheur. »

— Pourquoi lui parlerai-je ainsi? Tu penses qu'elle se troublera, peut-être?

— Tu verras! tu verras!

Je fis comme il voulait. Après quelques paroles, je prononçai la phrase qu'il avait dite, et j'étais bien sûr que la duchesse ne serait pas émue! Aucun trouble, en effet: elle sourit doucement, et tournant vers moi ses beaux yeux calmes :

— Digne de mon bonheur? oh! non, mais je suis protégée.

— Protégée?

— Par Dieu, d'abord; et puis par un talisman que j'ai. Nous autres Bretonnes, vous savez, nous sommes un peu superstitieuses. Tenez, voici mon porte-bonheur, ajouta-t-elle, le sourire encore plus doux, les yeux encore plus calmes.

Elle me montrait un singulier bracelet qu'elle avait au poignet droit, — un bracelet fait d'un morceau de cordelette en soie; et elle se remit à baiser les cheveux de la jolie Lola.

Je m'enfuis. Je rejoignis Georges. Je lui dis :

— Pourquoi n'as-tu pas dénoncé cette misérable femme?

— Parce que je l'aime! répondit-il d'une voix sourde où râlait un sanglot, et parce que peut-être, un jour, elle voudra bien commettre un autre crime!

HILAIRE FLORENT

C'était à la Comédie-Française, l'un de ces derniers mardis, au moment où Got s'écrie : « Hélas ! mon pauvre argent, mon pauvre argent, mon cher ami, on m'a privé de toi ! et puisque tu m'es enlevé, j'ai perdu mon support, ma consolation, ma joie : tout est fini pour moi et je n'ai plus que faire au monde... Je veux aller quérir la justice, et faire donner la question à toute la maison : à servantes, à valets, à fils, à fille, et à moi aussi. »

La belle Mme de Hansfeld, — à ce propos, vous savez qu'elle n'est pas allemande, quoique si grassement blonde ? hollandaise, tout au plus, et bien peu, juste assez pour avoir, en se montrant parisienne, le bon goût de le faire exprès ; — la belle

Mme de Hansfeld se renversa si vivement sur le dossier de son fauteuil que le revers de mon gant qui se trouvait là par aventure fut tout blanc et tout doré à cause de la poudre de riz qu'elle se met dans le dos et de la poudre de safran qu'elle met à la nuque. « Harpagon est impossible, et votre Molière ne sait ce qu'il dit ! murmura-t-elle en avançant les lèvres dans une moue de grosse rose. Est-il un homme qui sacrifierait toutes ses tendresses pour les yeux d'or d'une cassette ? » Et, en même temps, elle frappait la paume charnue de sa main gauche du bout d'un éventail tout emplumé de marabouts, qui fit en se fermant le bruit d'une volée d'oiseaux qui se pose.

Mme de Hansfeld a d'excellentes raisons pour nier l'avarice. Son mari, — un des plus riches banquiers du monde, celui qui prêta, l'an dernier, de la main à la main, quatorze millions de florins à l'oncle du roi de Thuringe, — a dû se séparer d'elle, judiciairement, car elle l'aurait ruiné ! Au commencement de chaque année, il lui envoie une somme que le parlement d'une monarchie constitutionnelle hésiterait à voter comme liste civile d'une reine ; elle trouve que c'est assez, pour quelques semaines. Une fois qu'un usurier — car elle emprunte avec frénésie, — lui avait remis, le matin, vingt mille francs, il lui resta cinq cents francs le soir, et elle se souvint seulement d'avoir acheté chez Barbedienne un émail de quinze louis et un bouquet de violettes de dix sous à l'une des petites bouquetières qui courent après les voitures au Bois. C'est elle qui, en regardant, rue de la Paix, un diamant d'une valeur presque égale à celle du Régent, disait avec un soupir : « On en aurait tout à fait envie, s'il coûtait un peu plus cher! » Et son besoin ingénu de dépense ne se borne pas — tel est le méchant bruit qui court — à jeter l'or par poignées ; on chuchote qu'elle se laisse aller parfois à des libéralités plus personnelles ; que son registre d'amours est aussi follement tenu que son carnet d'affaires ; que, par amour de donner, ma foi, elle se donne. Calomnies, j'en jurerais. Mais il est certain qu'à l'Opéra, où son bel embonpoint de neige à demi fondue, hors du corsage bas, s'offre sans aucune restriction de tulle ni de blonde, et dans les bals travestis, où la franchise de ses maillots ne refuse rien à l'admiration, elle se montre généreuse d'elle-même jusqu'à la plus exubérante prodigalité.

— Madame, lui dis-je, de toutes les passions qui peuvent maîtriser les âmes même les plus hautes et les plus pures, hélas ! il n'en est pas de plus férocement jalouse, de plus égoïstement dominatrice que la Lésine. Vous connaissez Hilaire Florent ?

— Oui, je crois, dit-elle. J'ai entendu ce nom. Un savant, n'est-ce pas ?

— Un savant prodigieux, inouï, inconcevable, une bibliothèque faite homme et dont vingt bibliophiles acharnés, travaillant vingt heures par jour pendant vingt ans, n'achèveraient pas le catalogue. Nommez Hilaire Florent : « By God ! » s'écrie Darwin, « Saperment ! » bougonne Haeckel, et M. Pasteur dit : « Ah ! diable ! » Archéologue, c'est certain, géologue, cela va sans dire, chimiste, parbleu ! mathématicien, eh ! sans doute, astronome, comment donc ! il est savant si naturellement — car tout est don ! — qu'à l'âge où les autres enfants commencent à bégayer la première déclinaison latine, il avait appris déjà tout ce que l'on sait, et savait, sans l'avoir appris, tout ce qu'on ignore ! Même ce que les plus minutieux esprits jugeraient inutile de rechercher, il le sait, par coquetterie ; même ce que les âmes visionnaires ne tenteraient pas de deviner, il le sait, par orgueil. Combien il y avait de poils sous l'aile membraneuse du ptérodactyle, et de combien de pouces sera longue, aux époques futures, la queue de l'homme de Fourier ; si le crâne trouvé à Cromagnon fut fendu par une hache de silex pyromaque ou de silex molaire, si les canons employés dans la dernière guerre européenne, vers l'année 3927, porteront à quatre-vingt mille mètres ou à soixante-dix-neuf mille seulement ; en combien de journées les Phéniciens, sur leurs barques à voiles, doublèrent le cap le plus méridional de l'obscure Afrique, en combien de minutes les aéroscaphes-express, prochainement, feront l'étincelante traversée de Sirius à Orion ; à quelle effigie étaient les pièces d'or que le roi Zeus fit pleuvoir sur Danaé ; en quel lieu les tempêtes ont balayé l'une des sandales d'Empédocle rejetées par'le cratère, car on n'a jamais retrouvé que celle du pied gauche ; comment se nommaient les douze vachères qui formaient des rondes autour de Criçhna, le dieu noir, et les douze cents concubines des rois mages qui vinrent saluer le dieu blond Jésus ; et aussi dans quelle terre encore innommée, sur quelle roche aride et toute battue d'éclairs, le dernier homme et la dernière femme, parmi l'effondrement des univers, échangeront le baiser suprême, il le sait ! Faire de l'or, diriger les ballons, éterniser la vie humaine, seraient, pour lui, des résultats médiocres qu'il obtiendrait en se jouant, si telle était sa fantaisie, — mais il porte une âme à qui suffit l'orgueil de la possibilité et qui méprise le néant de la réalisation ! Pour ce qui est des langages humains, tous ceux qu'on a parlés, qu'on parle, qu'on parlera, lui sont à tel point familiers qu'il a pu écrire un nouveau chant du *Ramayana*, — car il manquait trente mille vers à ce poème, — qu'il a célébré en strophes saphiques généralement attribuées à Moskos les tendresses d'Erynnis, de Mytilène, pour Lysistrata, de Milet, et que, le matin, en faisant le nœud de sa cravate, il fredonne une chanson que chanteront, en l'an douze cent de l'ère de Balder, les pêcheurs de morses et les chasseurs de pétrels d'un archipel polaire encore en formation dans la profondeur des océans de glace.

— Assez, assez ! vous moquez-vous de moi ? On m'a parlé de votre Hilaire Florent. Quelqu'un qui sait le grec, voilà tout. Et je le vois d'ici : chauve ou les cheveux d'un gris sale, qui se recroquevillent, maigre, chétif, ratatiné, avec des gestes de ressorts, l'œil petit, clignotant, une lèvre blanche, qui tremble, du tabac au nez, de l'encre aux ongles...

— Madame ! il est plus beau qu'une jeune femme ou qu'un Dieu adolescent. A trente ans, il en paraît seize. Son visage, où la bouche a la cruauté souriante d'une rose rouge, est fait d'une chair aussi blanche et aussi fraîche que le mica de la neige et la pulpe du gardenia. Le bleu pur de ses yeux est celui d'un lac où même une vierge ne se serait jamais mirée ; et, en dépit de la mode inepte qui transforme les chevelures humaines en brosses à faire reluire les souliers, il laisse croître impudemment, oui, jusqu'au collet de sa redingote qui s'étonne, ses nobles cheveux en boucles qui enveloppent sa tête adorable d'éphèbe d'une gloire d'or rose, fauve et vert !

— Comment ? il est beau, et il sait le grec ?

— Il le sait, — comme Adonis ! Et à cet homme que divinise la double omnipotence du savoir universel et de la parfaite beauté, les volontés célestes, jalouses de compléter leur œuvre, ont accordé encore, pour qu'il vécût dans une perpétuelle extase, e sens intime et tendre des rythmes, des sons, des lignes; elles lui ont donné la bravoure éperdue, — il a eu quatre duels charmants et fous, pour des femmes insultées dans la rue, qu'il ne connaissait pas,— car il eût été absurde qu'étant tout ce qu'il était, il ne fût pas un héros! Enfin, pour qu'il fût respecté par la foule autant qu'adoré par l'élite, il a reçu des Providences — la richesse! Poète, il serait François Coppée; musicien, Massenet; peintre, Puvis de Chavannes; vienne une guerre, les vieux colonels s'étonneront de ce volontaire intrépide; et il possède quatre fermes en Normandie, trois côtes vineuses en Gascogne, un hôtel aux Champs-Élysées, et cinq maisons à six étages, avenue de l'Opéra.

— Mais votre ami est un être miraculeux!
— Oui.
— Et savez-vous bien que, si vous n'exagérez pas, M. Hilaire Florent, — vous me le présenterez ? — doit être fort aimé...
— Des femmes ? Idolâtré. Mais, lui, il n'en avait jamais aimé aucune! Son âme est ineffablement pure, autant que son visage est beau. C'est cette âme qu'il a dans les yeux, et qui est si bleue. Affamé d'idéal, idéal lui-même, les filles à peine belles qui se vendent et ne valent pas qu'on les achete, lui donnent la nausée, et même parmi les vierges, où donc trouver une fiancée digne de lui, puisqu'à

présent en effet la plus ingénue des pensionnaires pouffe de rire quand son petit cousin lui jette un billet d'amour par-dessus le mur du couvent, et cache sous son oreiller la photographie d'un ténor ou d'un gymnaste, à moins qu'elle ne s'endorme sans même rêver à mal, ce qui est plus abominable encore ! Donc il s'était résigné à la solitude, et, ravi des seules chimères, il aimait les pâles visions féminines dont les longues robes de nuée bruissent dans le rythme des poèmes, et qui ont pour belles lèvres sonores la double rime des distiques, ou les déesses qui resplendissent comme des étoiles blanches dans les ciels des mythologies ! Un jour, pourtant.....

— Ah ! enfin !

— Oui, un jour il fut pris au cœur, comme sous une serre, par un amour cruel, jaloux, irrésistible. La passion l'empoigna, l'étreignit, ne le lâcha point. Il comprit que c'en était fait, qu'il ne s'appartenait plus, que tout entier, son corps de dieu, son âme d'ange, et sa science, et sa beauté, et son génie, et sa bravoure, il était en proie, sans repos, pour toujours, au sourire d'une femme.

— Quelle femme ?

— Une ouvrière. Une modiste, qui, pour être toute proche de son magasin, avait loué une mansarde dans l'une des maisons d'Hilaire Florent, où il habitait lui-même.

— Comment ? Une grisette ?

— N'importe, puisqu'elle ressemblait (car rien n'est impossible à une Parisienne!) aux héroïnes adorables des poèmes et aux resplendissantes Immortelles.

— Oui, parmi ces petites, il y en a qui ne sont point laides. Hilaire Florent fut heureux ?

— Épouvantablement malheureux, madame ! Écoutez. Un soir, il vint chez moi. Il était méconnaissable. Amaigri, tremblant comme un fiévreux, les cheveux défaits, les yeux éteints, sa bouche, naguère si rose, exsangue, il me fit peur. Je courus à lui, je l'interrogeai, le croyant malade, malade à mourir. Ce fut alors qu'il m'expliqua tout, pour la première fois. Depuis six mois entiers, — vous entendez bien, six mois ! — il souffrait à cause de cette femme qu'il apercevait deux fois par jour seulement, le matin, quand elle allait à l'atelier, le soir, quand elle en revenait, et à qui jamais il n'avait adressé une parole ! « Vois-tu, me dit-il, celle que j'attendais, sans oser l'espérer, celle qui m'était due, la sœur de mon âme, la fiancée de mon rêve, c'est elle, je le sens, j'en suis sûr, c'est elle, elle, elle ! Si elle ne m'aime pas, je me tuerai, car, en vérité, la mort me sera plus douce que cette vie, où j'agonise avec un vautour au cœur ! » Et il se jeta dans mes bras en sanglotant comme une mère dont le fils unique vient de trépasser. Sa douleur me mit les larmes aux yeux. Donc, en ce temps de caprices étourdis et de banales amours, je rencontrais un sentiment sincère, profond, exclusif, absolu ! J'avais toujours aimé Hilaire Florent, je me pris à l'aimer davantage. Mais il importait avant tout de le consoler, de lui rendre l'espoir. Voyons, voyons, tout n'était pas désespéré, que diable ! Elle l'aimerait, certainement ! Pourquoi, jusqu'à présent, n'avait-il pas osé lui parler ? il aurait dû se déclarer sans retard. Elle ne pouvait pourtant pas se jeter à la tête d'un inconnu ! Aussi, puisqu'elle logeait chez lui, — c'était une heureuse chance, cela ! — il fallait qu'il lui rendît visite, dès le lendemain, sous un prétexte facile à trouver, qu'il lui fît la cour... Hilaire Florent leva ses grands yeux bleus tout dévorés de pleurs, et, la voix entrecoupée de déchirants sanglots : « — Oui, oui, j'avais bien songé à cela, dit-il, mais, si je lui fais la cour, elle en profitera peut-être pour ne pas payer son terme ! »

MADEMOISELLE ZULEÏKA

Rien ne grise plus abominablement qu'un verre de genièvre nouveau, bu d'un seul trait, après une longue course au soleil, dans quelque auberge rose et noire du Tyrol, qui s'accroche au flanc de la côte avec un air de tomber, et laisse pendre jusque sur la route le lierre et les houblons de son toit en longues chevelures.

Après le troisième verre, mon compagnon de route considéra dans la fumée âcre du sapin mouillé les buveurs attablés autour de nous, — faces larges et grasses, impassibles, qui, sous un chapeau gris où s'érige une plume d'or vert, fument de longues pipes blanches où l'on voit la ressemblance de Judic en baladine espagnole, — huma l'odeur des jambons suspendus, et, les coudes sur la table, s'écria sans transition :

— Notre ennemi, ce n'est pas notre maître, c'est notre maîtresse ! Comment s'appelle votre Dalilah ? Je n'en sais rien, n'importe, vous êtes Samson. Pendant que vous dormez auprès d'elle, elle aiguise ses ciseaux en silence, sur la pierre de son cœur. Ne souriez pas de cette métaphore ! C'est le cœur des femmes, et non leur sein, qui est d'albâtre. Tout mal vient d'elles ! Nous sommes les loups mangés par ces agneaux. La méchanceté féminine est ubiquiste et éternelle. Hélène a perdu Troie, et Sita l'île de Ceylan, comme Lola a failli perdre Munich et Lolo la Banque de Belgique. Depuis Sémiramis, la colombe au bec de fer, — pour ne pas remonter trop haut dans l'histoire, — jusqu'à Mlle Rissler aîné, la femme a toujours été pareille à elle-même ; il y a peu de différence entre la fonction de Mlle Anatoline souriant, sous le zinc des palmiers de Mabille, aux avoués de province ou à ces jeunes fils de famille que Suzanne Lagier a nommés les petits « fils publics », et la fonction de Cléopâtre, qui, sous les palmiers d'émeraude des jardins d'Alexandrie, laissait venir à elle les beaux esclaves nubiens ; l'une lève, l'autre élève ; résultat identique : l'homme retombe, brisé.

— Vous êtes gris ? lui dis-je.

— Pas encore, répondit-il.

Et il continua :

— Je ne tiens pas pour un homme fort celui qui pourrait soutenir un monde comme Atlas, ou trois mondes comme la tortue hindoue ; je n'admire qu'avec des réserves Milon qui d'un bœuf vivant se faisait un pardessus, et l'athlète qui a promis de faire trois fois le tour du Jardin d'acclimatation en portant le grand éléphant surchargé de vingt-quatre bébés, de dix bonnes d'enfants et d'un nombre égal de militaires. L'homme vraiment fort est celui qui reste debout sous cette chose légère, fugace, impondérable, qu'on appelle le sourire d'une femme ; cette femme fût-elle la fille de sa concierge ou la cousine de son porteur d'eau.

« Naguère la lutte était possible. La femme avait une arme douce et cruelle, la coquetterie, mais il y avait moyen de s'en défendre. A la coquetterie, l'homme ripostait par l'impertinence. Célimène était bien sûre qu'elle aurait toujours raison d'Alceste ; il était farouche et franc, il s'y prenait mal, le pauvre homme ; mais les Marquis étaient des adversaires redoutables ! Ils se montraient frivoles et vains comme elle. Être presque une femme, bon moyen de vaincre la femme. Comment faire pour torturer un aimable gentilhomme qui, à l'heure du rendez-vous, s'inquiétait cent fois plus des boucles de sa perruque que des cheveux de son amie, et s'efforçait, en tombant à genoux, de ne pas gâter les dentelles de son haut-de-chausses ? Par malheur, la lutte a changé de caractère. Comme on a imaginé le canon Krupp après la mitrailleuse, la femme, après la coquetterie, a inventé la flirtation.

« Ceci, c'est formidable. La coquetterie s'adressait à l'esprit, au cœur ; la flirtation, sans ambages, carrément, attaque les sens de l'homme ; résiste, si tu peux, pauvre diable ! « Vois mes bras, mes épaules, — la pleine chair sous la pleine lumière ! » La femme ose tout pour conquérir ; la soie des robes, parmi la nappe, après les truffes et le champagne, recherche le drap des pantalons ; le bout du soulier agace la pointe de la botte ; tandis que, sur la table, l'inclination languissante des bustes dévoile les mystères chauds et moites des corsages qui bâillent. Et pourquoi s'offrent-elles ainsi ? pour se refuser. « Tiens, prends donc !... Non, tu ne l'auras pas. » Vous savez ce qu'on éprouve ? Une envie de les étrangler. Mais l'étranglement, dans certains salons, ne serait pas admis. Il fallait trouver autre chose.

— Vous l'avez trouvé ?

— Parfaitement. L'impertinence suffisait pour répliquer à la coquetterie, à la flirtation il faut répondre par...

Il hésitait.

— Eh bien ? lui dis-je.

— Eh bien, par l'impudence ! Elles s'offrent ? Prenons-les. Tout à coup. Des dents et des ongles. Non pas durant un dîner ou dans un bal, — cette conduite pourrait nous faire remarquer, et il convient d'éviter le scandale, — mais chez elles, le lendemain ou le surlendemain, pendant l'une de ces visites intimes où souvent elles se plaisent à nous pousser à bout par des déshabillés pervers. Vous avez vu dans les ménageries des lions affamés bondir vers les viandes étalées ? Suivons cet exemple. Je vous propose de fonder une société mutuelle d'assurance contre la barbarie de la flirtation.

— Peste! dis-je, vos procédés sont vifs et dangereux.

Croyez-vous? raisonnons. De deux choses l'une : la flirteuse sonnera, ou elle ne sonnera pas. Si elle ne sonne pas, tout est pour le mieux dans le plus discret des boudoirs.

— Et si elle sonne ?

— Le valet de chambre entrera et vous serez flanqué à la porte. Mais la flirteuse, terrifiée par la leçon sévère que vous lui aurez infligée, hésitera peut-être à recommencer avec d'autres son infernal manège, et vous aurez sauvé de la rage ou du désespoir un nombre considérable de braves et francs garçons !

A ce point de mon récit, je voudrais trouver une formule de serment qui n'eût jamais été trahi, pour persuader à mes lectrices que je n'ai rien de commun avec le héros de cette historiette; sa théorie me semble monstrueuse, — le nihilisme de l'amour ! — et si je me suis hasardé à l'exposer, c'est uniquement dans la crainte qu'un autre s'y employât avec une grâce que je n'ai point : ce qui aurait pu la faire paraître moins détestable. Je me compromets dans l'intérêt de la morale.

Il poursuivit :

— J'ai essayé. J'étais venu à Weimar, — du temps où l'on allait en Allemagne, — pour entendre les drames lyriques de Richard Wagner. Vous connaissez Weimar? une ville qui est une forêt de roses.

« Je fus présenté à Mlle Zuleïka Cohen. Cohen parce qu'elle était née dans le quartier juif de Francfort; Zuleïka parce qu'elle était la fille d'un poète persan.

« Ce poète persan était allemand comme le vin du Rhin. Mais il avait imaginé de traduire Ferdusi ou Keyam, je ne sais plus lequel. De là, une grande célébrité. Chez les compatriotes de Gœthe, il n'est pas très difficile d'être excessivement original. Dire à une femme : « Ma Leïla ! » c'est déjà du dernier galant ; et ceux qui appellent le rossignol Bulbul, passent pour des espèces de prodiges.

« Quant à Zuleïka Cohen, c'était un monstre.

« Dix-sept ans, un peu trop grasse, un peu trop ronde, des joues roses qui veulent qu'on les morde, une bouche qui crève comme une grosse fraise mûre, des yeux couleur d'eau-de-vie brûlée ; et, autour de cette petite face chaude et pleine, suant des parfums de chair, des cheveux châtains, presque bruns, roux par places, se tordaient, s'éparpillaient, volaient, faisant songer à je ne sais quelle auréole de diablesse, toute fripée de baisers.

« Parmi des hommes, le soir, après le souper dans la salle commune à l'hôtel du Prince-Charles, elle était terrible, même en présence de son père.

« En jupe courte (car elle profitait de ce qui lui restait d'enfance pour montrer des jambes faites comme celles d'Arthémis, le mollet plus gros seulement), épanouissant hors d'un corsage de mousseline (dame, une jeune fille!) les rondeurs dures de son buste, qui luisaient, un peu mouillées, elle allait, venait, courait, souriait à celui-ci près des lèvres, regardait celui-là près des yeux, et jetait à tous, comme un irritant défi, des approches de peau, des bouffées de chaleurs intimes. Avez-vous vu, dans quelque baraque de foire, un jongleur, qui fait virer à la fois une vingtaine d'assiettes sur une table, s'empresser de l'une à l'autre, sans cesse, pour ne pas leur permettre un seul instant d'arrêt ? Ce que le jongleur faisait aux assiettes, Zuleïka nous le faisait, à nous! et, tous, charmés, extasiés, affolés, torturés, nous haletions, nous frémissions, sans trêve, sans fin. Une fois, Dieu me damne ! elle s'assit sur mes genoux comme une enfant qui joue et me pouffa de rire dans la barbe.

« C'en était trop.

« Le lendemain, on répétait le *Vaisseau Fantôme* ; je m'assis à côté de Zuleïka, dans la salle presque obscure.

« C'était le matin, n'importe ! décolletée comme pour un bal, et se penchant, et levant un peu sa jupe courte, — plus courte encore, — pour appuyer ses petits pieds au rebord d'une stalle, elle riait tout près de moi, babillait, remuait, s'approchait, se frottait, s'offrait... — un chaud frétillement de grâces qui vous dit : « Eh ! bien, tu ne veux pas ? »

« Je laissai tomber ma lorgnette à côté d'elle, et je mis beaucoup de temps à la ramasser.

« Elle poussa un cri, puis elle se tut, cacha ses pieds sous sa jupe, agrafa son corsage, car il était dégrafé ! ferma les yeux à demi, se rencoigna dans sa stalle.

— Elle était vaincue ! m'écriai-je.

— Oui.

— Et le soir, après le souper, elle fut tout à fait modeste ? une robe longue ? un corsage montant ?

Mon compagnon hésitait à répondre.

— Le respect de la vérité m'oblige à dire, avoua-t-il enfin, que, le soir, elle fut plus impertinente que la veille et plus décolletée que jamais.

Je m'écriai en riant :

— C'est que votre moyen ne vaut rien !

— Non, dit-il gravement, c'est que j'avais été trop réservé.

L'EMPRUNTEUR

Je vous dénonce un sinistre drôle. Son nom? peu importe. Vous reconnaîtrez l'homme.

Ce faquin-là dépense plus d'activité, d'ingéniosité, de patience pour arriver à déjeuner deux ou trois fois par semaine et à gîter de trois nuits l'une, qu'il n'en faudrait à un honnête homme pour acquérir le plus doux confort. Casser des pierres sur les routes, décharger la gadoue sur les quais des rivières, ce sont d'aimables et lucratives besognes au prix de la sienne ; et pourquoi s'y livre-t-il? par amour de la fainéantise. C'est pour ne rien faire qu'il travaille plus qu'aucun être vivant.

Cet homme, c'est l'Emprunteur.

Vous entendez bien que je ne désigne pas le bon

et honnête garçon, étudiant ou artiste, la tête un peu à l'évent, qui un jour emprunte un louis, en prête un le lendemain, et par la suite ne s'avise pas plus de réclamer celui-ci que de rendre celui-là. Peccadille, étourderie ; vous souriez, et tout est dit.

L'homme en question n'est ni jeune ni étourdi ; c'est un esprit méthodique, pratique, régulier, une manière de négociant ; je croirais volontiers qu'il tient des écritures ; emprunter, c'est sa fonction ; il a pour métier la misère.

Autrefois, il a vaguement essayé de se donner pour homme de lettres ; il s'insinuait dans les bureaux de rédaction, parlait d'une revue qu'il allait faire représenter aux Folies-Marigny, montrait d'un peu loin quelques feuilles fripées, qui pouvaient être le manuscrit d'un article, et finalement obtenait de l'indifférence des uns et de la distraction des autres le droit de distribuer des poignées de main. En réalité, bien que l'absence de tout talent et une parfaite ignorance de l'orthographe lui donnassent quelque chance de réussite, il n'avait jamais songé à écrire quoi que ce soit. Il sentait déjà sa véritable vocation, et il commençait à emprunter, un peu au hasard, à vrai dire, sans méthode, avec des naïvetés de débutant, pour se faire la main, pour se préparer une clientèle plutôt que pour le profit.

Maintenant, il est devenu un artiste remarquable, sûr de lui, n'abandonnant rien au hasard ni à l'inspiration ; il est l'emprunteur impeccable.

Il s'éveille avant le jour sur le matelas d'une maison meublée ou sur le sofa hospitalier de quelque atelier de peintre, saute à bas de sa couche, sans vaine paresse, comme un artisan ponctuel, et, tout en passant ses longues et maigres jambes dans un pantalon de coutil l'hiver, ou de gros drap l'été, pièce indispensable de son uniforme de travail, il combine le plan de sa journée.

Comme il a la prudente habitude de noter ses victimes des jours précédents sur le revers d'une enveloppe vide de papier à cigarettes, il peut choisir, sans crainte de quiproquo, les dupes possibles du jour qui commence ; après quelques minutes de réflexion, il sort rapidement, et, long, maigre, dans une redingote très serrée, pas trop usée — car il ne faut pas être éconduit par les domestiques, — la face jaune, les bras collés au corps, sans jamais tourner la tête, ne regardant ni à droite ni à gauche, que par un mouvement des yeux, il s'élance à travers Paris.

Les emprunteurs du commun se gardent bien d'opérer le matin ; mais lui, il a rompu avec les vaines traditions, il a créé un art nouveau.

Il sonne violemment à la porte d'un de ses « amis ». Une servante mal réveillée accourt en se frottant les yeux, et alors, très haut, presque en criant :

— Il est chez lui, fort bien ! Un homme rangé, à la bonne heure ! Ne vous dérangez pas, je n'ai qu'un mot à lui dire.

Il pousse la servante, traverse le salon d'un pas retentissant, entre dans la chambre en renversant quelques chaises, non sans jeter un coup d'œil sur la table de nuit, où les dernières lueurs de la veilleuse font étinceler de la monnaie éparse, et, pendant que l'ami épouvanté se dresse sur son séant, il s'écrie d'une voix de tonnerre :

— Rendez-moi un service ! je me bats ce matin, dans une heure. Oh ! rassurez-vous, je ne vous demande pas d'être mon témoin ; je sais que vous aimez à dormir la grasse matinée. Non, non, rendormez-vous. Il s'agit d'un rien : trois francs, pour la voiture. Je suis sans le sou, par hasard. Mais ne vous dérangez donc pas. Je prends les trois francs sur la table de nuit. Je vous les rapporterai demain, si je ne suis pas mort. Adieu ; ne me tendez pas la main, vous prendriez froid.

Et il est déjà parti, refermant avec fracas les portes. Étourdie, effarée, n'entendant guère, ne comprenant pas, la victime a laissé faire, et une heure après, en se levant, elle croira peut-être avoir été la proie d'un cauchemar.

Il s'élance de nouveau. Il n'est pas de ceux dont un premier succès apaise l'ardeur ; non, il accomplit une fonction, il l'accomplit sans relâche, quoi qu'il arrive, sans vanité après la victoire, sans découragement après la défaite.

A partir de midi, la besogne devient plus difficile ; n'ayant plus à compter sur la fatigue du premier réveil, il renonce aux visites, il agit en plein air ; la rue est son champ de bataille.

Se sachant très connu et craignant d'être évité s'il se laissait apercevoir de loin, il marche prudemment au milieu de la chaussée, derrière quelque gros camion, et de là, sans tourner le cou, surveille les deux trottoirs. Dès qu'il entrevoit une personne dont il sait à peu près le nom, il se précipite, rompt les groupes, se dresse tout à coup devant le passant reconnu. Pas de salut, pas de bonjour, un air de familiarité brutale.

— Combien ai-je dans ma main? dit-il en ouvrant sa paume pleine de pièces d'argent.

— Mais... je ne sais pas... sept, huit francs, je pense, reprend le passant stupéfait.

— Vous n'y êtes pas ! neuf francs cinquante, et il me faut dix francs pour prendre le train. Prêtez-moi dix sous, vite ! vite ! je pars à deux heures cinquante-sept.

Le moyen de la main pleine, ou, plus généralement, de l'argent montré pour en obtenir d'autre, est un joli procédé; notre homme l'a varié à l'infini. Il a vécu plus d'une année grâce à un billet de cinquante francs que lui confiait une concierge, à laquelle il le rendait fidèlement chaque soir. Muni du précieux papier, il se ruait sur la première personne que le hasard lui présentait.

— Regardez ! mais regardez donc, sacrebleu ! qu'est-ce que j'ai dans la main?

— Dame, un billet de cinquante francs.

— Juste ! Eh bien, je suis joliment embarrassé, allez ! Il faut que j'envoie ce billet à ma tante qui habite Lyon, mais je n'ai pas de fonds pour charger la lettre ! Je ne veux pas écorner la somme, vous comprenez, elle n'est pas riche, ma brave tante ! Prêtez-moi vingt sous, pour le chargement.

Le moyen de refuser un franc à un aussi bon neveu ! Par malheur, la concierge ne put pas continuer à faire l'avance quotidienne; elle avait prêté le billet à un de ses locataires, emprunteur plus naïf qui avait négligé de le rendre. « Gâte-métier ! » s'écria le vrai emprunteur.

Sur le boulevard, à l'heure que l'on nomme l'heure de l'absinthe, il réussit plus rarement, les habitués des cafés littéraires étant presque tous au courant de ses ingénieuses ruses. Cependant, il ne renonce pas à des tentatives presque toujours inutiles, car pas une heure ne doit demeurer oisive dans une vie bien réglée.

Il est étrange à voir au crépuscule, courant d'un air affairé le long des tables garnies, mince, étroit, direct, l'air d'une flèche qui va droit au but.

Malgré la rapidité de son passage, il inspecte les consommateurs épouvantés, et dès qu'il a flairé un « nouveau », il s'arrête, tourne à angle droit, bondit vers la victime élue, et lui emprunte... deux sous ! oui, deux sous, « pour acheter un journal du soir qui ne se trouve pas dans les cafés » ou « pour ajouter à un sou qu'il a déjà, ce qui lui permettra de prendre l'omnibus » ou « pour se faire cirer ses bottes, parce qu'il dîne ce soir chez le directeur de la Porte-Saint-Martin ».

Les soirs de pièces nouvelles, il pratique une jolie industrie. Il s'attable au café le plus proche du théâtre et attend patiemment en buvant une demi-tasse.

Le premier acte fini, les spectateurs vont et viennent ou se groupent sur le trottoir ; lui, il guette, et ne tarde pas à faire un signe à l'un des critiques qu'il connaît un peu.

— Hein ? Qu'y a-t-il ?

— Oh ! C'est bien heureux que vous soyez là. Figurez-vous que j'ai pris une demi-tasse sans songer que j'avais laissé mon porte-monnaie sur la commode, en m'habillant. Prêtez-moi dix sous, à charge de revanche. Ces accidents peuvent arriver à tout le monde.

Renouvelée cinq ou six fois, cette petite comédie produit une somme appréciable. D'ailleurs, on l'a remarqué, l'emprunteur sait modérer ses ambitions. Il emprunte souvent, et il emprunte peu. Pourquoi ? Parce qu'il est trop « brûlé » pour espérer le succès dans des opérations importantes ? peut-être, mais peut-être aussi par principes, par méthode, par suite d'une profonde connaissance des hommes, et persuadé, comme tous les bons commerçants, que les petits ruisseaux font les grandes rivières.

Quelquefois, cependant, dans certaines circonstances tout à fait favorables, et surtout lorsqu'il se trouve dans un milieu encore inexploité, l'emprunteur se hasarde à tenter des affaires considérables.

Un jour, en passant devant un café de la rue du Sentier, il remarqua à travers la vitre la figure d'un très jeune homme, douce, bonne, un peu naïve même, une figure qui lui revint tout à fait.

Il entra d'un air humble, en détournant les yeux, presque furtif, et s'assit tout près du jeune homme.

— Que faut-il servir à monsieur ? demanda le garçon de café.

— Je vous demande pardon, je voudrais ne rien prendre... excusez-moi... je voudrais seulement... du papier et de l'encre...pour une lettre...

Avec un air de pitié, le garçon lui apporta ce qu'il faut pour écrire, et alors, d'une main qui tremble, en poussant de profonds soupirs, en s'essuyant quelquefois les yeux du revers de sa main gauche, l'emprunteur traça ces quelques lignes :

« Ma chère, ma pauvre mère,

« Tout est fini, plus d'espoir ! J'ai frappé à toutes les portes. Dieu sait s'il m'en coûtait de m'adresser ainsi à mes amis ! Mais il le fallait pour toi, pour toi qu'une propriétaire barbare a chassée de notre misérable mansarde, et qui m'attends en grelottant sous la porte cochère, presque dans la rue.

« Hélas ! notre infortune n'a ému personne. Et

pourtant, les cent francs que je demandais — que je mendiais ! — pour pouvoir entrer dans notre nouveau logement et pour manger du pain pendant quelques jours, ces cent francs, je suis sûr de pouvoir les rendre au commencement du mois prochain, puisque c'est le mois prochain que tu touches le trimestre de ta pension. On ne m'a pas cru ! on m'a mis à la porte !

« Eh bien ! pauvre et chère femme, je le sens, je ne pourrais pas supporter la vue de ton dénûment et de ton désespoir... Puisque je ne suis bon à rien, je me déroberai du moins au spectacle terrible... Adieu !... adieu ! Pardonne-moi... Dieu te protège... Quand tu recevras cette lettre... je ne serai plus qu'un..... »

Il fut interrompu par un cri d'angoisse.

— Oh ! monsieur, monsieur, n'achevez pas, n'écrivez pas cela, lui dit le bon jeune homme. Excusez-moi. Vous étiez tout près, tout près. Je vous regardais à cause de votre air triste, et j'ai lu sans le vouloir par-dessus votre épaule. Il vous faut cent francs ? Écoutez, je ne suis pas riche, et je n'ai pas d'argent, mais je suis commis chez M. Durantin, le fabricant de soieries, rue du Sentier, à deux pas ; je peux demander que l'on me fasse une avance sur le mois prochain. Vous aurez les cent francs. Mais vous êtes bien sûr de pouvoir me les rendre ? car, sans mon argent, je mourrais de faim, moi.

— Ah ! monsieur, s'écria le monstre en sanglotant de joie, vous êtes ma providence, la providence de ma vieille et vénérable mère. Certainement, je vous rembourserai ! nous ne sommes pas très pauvres... une gêne momentanée...

Un an plus tard, comme il inspectait le boulevard Poissonnière, l'emprunteur se retourna vivement parce qu'il venait de recevoir un coup de canne sur l'épaule. Il reconnut, sans émotion, le jeune employé de la rue du Sentier, à qui naturellement il n'avait pas rendu un sou ; et il faut convenir qu'il sut prendre et garder, en cette occurrence, une attitude vraiment stoïque.

Les reproches l'accablaient. Il souriait.

Les coups pleuvaient. Il souriait toujours.

Mais il ne se borna pas à être stoïque, il fut sublime. S'étant aperçu que sa redingote avait été quelque peu endommagée par la canne du jeune homme, il lui emprunta quarante sous pour faire raccommoder son habit.

ADRIENNE

Samedi, à la Comédie-Française, après le second acte de *Jean Baudry*, le bruit s'est répandu tout à coup, courant de fauteuil en fauteuil et montant des fauteuils aux loges, que l'on venait de trouver Vincent Mickel pendu dans sa chambre, une cravate rose au cou. On s'émut, on s'étonna même. L'étonnement, à Paris, est plus rare que l'émotion. Comment? c'était possible? c'était vrai? Vincent Mickel s'était tué? pourquoi? à quel propos? Jeune, — — trente ans, — déjà célèbre, — une médaille au dernier Salon, — et libre, — vingt mille francs de rente, — il avait en outre, — il ne le disait pas, mais on le savait, — l'inappréciable joie d'avoir offert toute son âme, sans qu'on la refusât, à la plus enviable des belles jeunes femmes. Cet acte de désespoir, au milieu de tant de bonheurs, stupéfiait ; rien, dans une telle existence, n'expliquait une telle mort. Quelques hommes, au Foyer, qui avaient été les camarades de Vincent Mickel, se remémoraient à voix basse sa nature inquiète, si ardemment éprise de l'Exquis et du Parfait, que les tares du Beau humain décourageaient outre mesure, sa nervosité toujours sur le qui-vive comme celle des convalescents, et que la moindre secousse ébranlait parfois d'un tremblement hystérique ; on l'avait vu pleurer à chaudes larmes, soudain, sans raison apparente ; tout son être avait la sensitivité de ces oreilles de musiciens, que tourmente et exaspère jusqu'à la plus aiguë souffrance la seule appréhension d'une fausse note possible. De pareils souvenirs pouvaient donner lieu à des suppositions sans doute, mais vagues et sans preuves. Aucun fait connu, nulle certitude possible. Aujourd'hui encore, deux jours après les funérailles, la cause de ce suicide est un obscur mystère. Pourtant j'ai cru la découvrir dans une histoire que l'on m'a contée et que je dirai à mon tour.

Vincent Mickel s'ennuyait dans une petite ville du Midi de la France — peu importe laquelle — tandis que Mme Adrienne de G... s'ennuyait en Angleterre auprès d'un parent malade ; elle était partie à l'improviste, et, pendant cette absence, il n'avait pas voulu rester à Paris; croyant qu'il souffrirait moins de ne pas la voir, là où il n'avait pas coutume de la voir, et que, sans elle, hélas! il se sentirait moins seul dans une ville où ils n'avaient jamais été ensemble. Mais avec quelle angoisse de toutes les heures, de toutes les minutes, — relisant du matin au soir de chers billets parfumés, baisant du soir au matin la frêle miniature dans son écrin de peluche rose — il attendait l'instant de l'ineffable revoir! Une lettre arriva enfin. Quatre mots : « Je suis à Paris. » Il eut le cœur tout serré. Une lettre? Pourquoi une lettre? C'est si lent, la poste. Est-ce qu'Adrienne n'aurait pas pu le prévenir par dépêche? Ils se seraient retrouvés un jour plus tôt. Cela n'est donc rien quelques heures d'ivresse gagnées? Ah! elles sont bien indifférentes, les femmes, même celles qui aiment. Mais n'importe, elle revenue, tout était bien. Il n'eut pas besoin de faire sa malle; elle était toujours prête, en prévoyance de la bonne nouvelle; et, l'ayant mise sur son épaule, — est-ce qu'on a le temps d'appeler un commissionnaire? — il descendit rapidement, se jeta dans une voiture. Quand il fut devant la gare, le train venait de partir. Il poussa un cri de rage et se mordit les poings. Il lui faudrait attendre le prochain express. Attendre! pendant qu'elle attendait! Il tomba assis sur sa malle, et resta là, les bras ballants, consterné.

Par bonheur, il se souvint que le train, de la ville

à la station voisine, gravissait une côte très longue, très rude, et marchait, par conséquent, avec une certaine lenteur. Il devancerait le train! Comment? il ne savait pas encore, mais il imaginerait bien un moyen, parbleu! Il laissa son bagage, courut aux alentours de la gare, de porte en porte, s'informant; une idée lui était venue : trouver, non pas une voiture, — aucun cocher n'aurait consenti à l'indispensable vitesse, — mais un cheval. Un boucher lui dit : J'en ai un. Une lourde bête, basse, vieille, poussive. N'importe, il l'acheta, la fit seller tant bien que mal, sauta dessus, et partit, enlevant dans un pesant galop le cheval stupéfait dont à grands coups de talon il défonçait le ventre en un bruit de grosse caisse. Comme la nuit montait, il se serait égaré peut-être à travers la campagne inconnue. Mais il gagna la haie qui longe le chemin de fer, ne s'écarta pas de la voie. Ce fut une course harassante et grotesque. A chaque mouvement qu'il faisait pour maintenir sa monture au galop, il en soulevait vraiment tout le poids. Et il n'arriverait pas à temps, peut-être! Elle était si lente, cette bête. Oh! il la crèverait, mais il arriverait. Plus fort, toujours plus fort, il la frappait, geignant, soufflant, suant. Il arriva! le train était en gare, la locomotive sifflait, une cloche tinta. « Trop tard! » cria un employé. Allons donc! Vincent Mickel escalada la barrière, bouscula l'homme, s'élança dans un wagon, et tomba dans un coin, rompu.

Mais quelle joie dans l'âme! Sûrement, il verrait Adrienne, demain. Quelle heure était-il? Il tira sa montre. Neuf heures. Le train serait à Paris à midi quarante. Ainsi, dans seize heures — vingt minutes pour la course en fiacre, — il la tiendrait dans ses bras, l'adorable bien-aimée. Et plus rien ne pouvait empêcher cela, désormais! Comme il se trouvait seul dans la voiture, il s'étendit, pour dormir, s'il pouvait, sachant bien qu'endormi il rêverait d'elle. Le sommeil ne vint pas. Est-ce qu'on dort quand le souvenir et l'espoir vous chuchotent à l'oreille leur délicieuse chanson? Les yeux fermés, il la voyait, toute. La fraîche bouche rose où les baisers pépient comme des oiselets au nid, les bleus yeux doux, — il leva un peu la paupière pour regarder si les étoiles étaient aussi douces que vos yeux, Adrienne! — et le cou charmant et grêle où elle a coutume de nouer une cravate rose, il les voyait à travers la rêverie obscure de ses cils. Puis, quand le jour se leva, — le jour! le jour! dans sept heures il serait à Paris! — elle lui apparut, endormie encore, une joue dans la main, le front sur les ondes lourdes de ses cheveux répandus, dans la chère chambre close tout imprégnée d'elle, où le premier rayon pâle qui glisse entre les rideaux éteint d'une blancheur l'œil clignotant de la veilleuse. Oh! quelques heures encore, — et il entrerait dans cette chambre, lui, et, s'agenouillant, les bras tendus..... Une formidable secousse, dans un fracas soudain de cloisons effondrées et d'affreuses clameurs, le précipita contre la portière défoncée, et, sans savoir comment cela s'était fait, il se trouva couché sur le dos dans la boue d'un ravin, tandis que, autour de lui, avec des sursauts d'épouvante et des criailleries d'effroi, allaient, venaient, couraient, effarés, échevelés, des hommes et des femmes; une vieille, prosternée sur la voie, levait le cou, et hurlait au ciel, effroyablement.

Il se releva. Il se tâta. Sain et sauf. Par une sorte de miracle, l'accident, — une rencontre de trains, — n'avait fait aucune victime; les voyageurs les plus endommagés en seraient quittes pour quelques contusions. Mais son désastre, à lui, était complet, puisque la locomotive ne pourrait pas se remettre en route, puisqu'il ne verrait pas Adrienne aujourd'hui! Sur une hauteur, à gauche, s'élevait une ville; il s'élança à travers les terres labourées, enjambant les ruisseaux, sautant les fossés, gravit une côte, traversa une place toute pavoisée de drapeaux, se trouva dans la gare, devant le guichet... Pas de train pour Paris avant une heure du matin.

Il fallut bien se résigner, hélas! Ce n'est ni à pied, ni à cheval, ni en voiture, que l'on peut franchir en quelques heures une distance de quatre-vingts kilomètres. La rage au cœur, des jurons aux dents, il se mit à rôder par la ville, et ce qui redoublait sa colère, c'était que autour de lui tout était en fête :

troupes de paysans, pleines de rires sous le clair soleil de la matinée, fenêtres où claquaient des banderolles tricolores, bonnets de femmes où s'envolaient des rubans. Peut-être inaugurait-on, ce jour-là, la statue d'un personnage illustre. En débouchant dans une vaste plaine qui avait l'air d'un champ de manœuvres, Vincent Mickel vit quelques hommes groupés autour d'un ballon que l'on était en train de gonfler.

Une idée folle lui traversa l'esprit! Il courut vers ces hommes, dit qu'il voulait parler à l'aéronaute, tout de suite. L'aéronaute s'approcha. « Monsieur, quand partez-vous ? — Dans une heure. — Où descendrez-vous ? — A Paris, si le vent ne tourne pas. — Je pars avec vous ! — Vous savez, monsieur, que cela vous coûtera deux cents francs ? — Non, cinq cents. » Une heure plus tard, dans le bon vent qui soufflait vers Paris, Vincent Mickel montait à travers l'espace, les mains accrochées au rebord de la nacelle, et sous le ballon s'agitaient, déjà confus, les gestes mêlés d'une multitude innombrable, pendant que les mille drapeaux, déployant et remuant leurs ailes tout près de la terre, avaient l'air d'un vaste éparpillement d'oiseaux qui renoncent à suivre un plus grand oiseau envolé. Ascension délicieuse dans la pure clarté de l'air! Mais bientôt, ce qui était du vent fut une rafale ; l'aérostat, sous l'irrésistible poussée, virait, fuyait, vertigineux, avec le formidable emportement d'un obus.

« Nous allons toujours du côté de Paris ? — Toujours, mais trop vite, » dit l'aéronaute inquiet. Trop vite ! L'imbécile ! est-ce qu'on peut aller trop vite, lorsque l'on va vers qui l'on aime, et qui vous aime, et vous attend ! Même quand l'orage éclata, battant et faisant claquer la frêle enveloppe de soie dans l'assombrissement des nuages ; même quand l'éclair traversa la nacelle de son zig-zag foudroyant, même quand le ballon, plus épouvantablement encore, tournoya et roula sous toute la tempête, Vincent Mickel, souffleté de vent et de pluie, ne jugea pas que l'on allait trop vite, et il se réjouissait en songeant que tout ce bouleversement de la nature l'entraînait vers le baiser d'Adrienne, et il croyait, extasié, que c'était la fureur de sa volonté qui se déchaînait dans les éléments ! « Sacrebleu ! » hurla l'aéronaute. Crevé d'un coup de foudre, le ballon tombait. Perdus ! « Où sommes-nous ? — Eh ! sur Paris, le diable vous emporte ! » Sur Paris ! l'épouvante de Vincent Mickel eut une immense joie, car il était arrivé. Cependant la terrible chute, comme celle d'une pierre dans l'air, continuait, continuait, s'engouffrant. Vincent, dompté par la peur enfin, avait fermé les yeux. Un arrêt ! de l'eau partout ! de l'eau plein la bouche ! ils étaient tombés dans la Seine. Mickel plongea, revint à la surface de la rivière, vit la nacelle qui suivait le courant, reconnut le Louvre, et, en quelques brassées, étant bon nageur, il eut gagné le bord. Mais il avait dans le bras gauche une douleur intense. Il se souvint que, dans la chute, il s'était heurté violemment à quelque chose de très dur, un toit de maison, peut-être, ou la muraille du quai. Il devait avoir le bras cassé.

Chez elle, chez elle enfin ! Il la regardait, se traînant à ses pieds, des larmes d'ivresse dans les yeux, disant : « Je vous adore ! » baisant ces belles petites mains chéries, et fourrant sa tête dans la soie du peignoir comme un oiseau qui se roule dans du sable chaud. Puis, quand il fut bien sûr qu'elle était là, elle, elle, et qu'il l'avait, et que les dieux sont moins heureux que les hommes si les dieux n'aiment pas, il se mit à lui raconter, en riant, comme une histoire gaie, tout ce qu'il avait fait pour arriver, tout cet extravagant et terrible voyage : le train manqué, le cheval du boucher, l'accident de chemin de fer, le ballon, et la tempête, et la furieuse descente, et son bras endolori.

Mais Adrienne, alors, souriante, jolie, pas émue, étonnée, — oui, ayant dans les yeux cette surprise irrémédiable qui ne comprendra jamais :

— Oh ! mais, dit-elle, vous êtes fou, vraiment, de vous être exposé de la sorte ; vous pouviez bien n'arriver que demain.

Il ne répondit pas. Seulement, c'est peut-être à cause de cette parole que Vincent Mickel s'est pendu.

MADAME DE PORTALÈGRE

I

Je vous ai déjà parlé de Mme de Portalègre ? elle était jolie ; elle est beaucoup mieux aujourd'hui, parce qu'elle a trente-cinq ans. On ne vieillit qu'en province ; à Paris la beauté s'acquiert ; c'est un art qu'il faut apprendre, et, trop jeune, on n'y entend rien. Quelqu'un demandait à un homme plein d'expérience s'il aimait la petite comtesse de C..., récemment entrée dans le monde :

« Non, répondit-il, mais je l'aimerai. » D'ailleurs les fruits mûrs offrent un rare avantage en ce temps où la vie se hâte : on n'a pas la peine de les cueillir, ils tombent d'eux-mêmes. Mme de Portalègre, à ce qu'on raconte, tombe volontiers. Mais, si elle a des amants, on ignore généralement pourquoi. Vous vous rappelez le mot que Gavarni prête à l'une de ses « lorettes », comme on disait alors ? Le voici, à peu près : « Celui qui me rendrait rêveuse pourrait se vanter d'être un fameux lapin ! » La marquise de Portalègre, grande dame, aurait le droit de dire la même chose, en meilleurs termes. Aussi parfaitement insensible que parfaitement belle, froidement impérieuse, elle ne cède sans doute que pour dominer, ne se donne que pour posséder, afin d'être « maîtresse ». Car nul ne l'a entendue prononcer une parole de miséricorde, ne l'a vue pleurer une larme de tendresse ! Elle est la barbare et sereine triomphatrice. Si on s'avisait de lui servir à dîner le cœur de son dernier amant, elle en mangerait sans déplaisir, même avertie ; et je crois qu'elle en redemanderait, s'il était bien accommodé.

Avant-hier, le salon où je lui faisais ma visite de nouvelle année était tout encombré de bibelots exquis. Dans un désordre fou et charmant, sur la marqueterie des tables, sur le satin fleuri des fauteuils et des poufs, sur l'ébène du long piano, les émaux japonais, grands vases ou coupes frêles, harmoniaient leurs splendeurs un peu éteintes; les éventails aux branches d'ivoire ajouré, aux feuilles peintes de tons vifs, s'ouvraient à demi, comme des ailes d'oiseaux exotiques, sur des coffrets de cristal, si transparents qu'on ne les aurait pas vus, n'eussent été leurs fermoirs d'or; les statuettes de bronze érigeaient fièrement leur nudité verte parmi le luxe criard et joli des petits paniers dorés et des boîtes de satin mauve, paille, rose, où les mille bonbons juxtaposent et amoncellent toutes les couleurs d'une palette folle; çà et là, d'un écrin entr'ouvert ruisselaient avec les courbes d'une queue de lézard les pierreries ensoleillées d'un collier, d'un bracelet, ou d'une longue chaîne; et, parmi l'éblouissement de ces élégantes richesses, Mme de Portalègre promenant sur elles, rarement, dans les intervalles de la causerie, un regard qui ne voit pas, faisait songer, avec sa grâce indifférente, à quelque paisible immortelle à peine satisfaite, qui a daigné accepter des offrandes.

— Madame, demandai-je, n'est-ce pas Horace Berchon qui vous a envoyé ceci?

Je désignais une petite boîte en carton bleu satiné, fermée d'une ganse d'or dédorée, une de ces boîtes que l'on trouve dans les épiceries et que l'on fait remplir de dragées et de pralines achetées à la livre. Il avait l'air bien misérable et bien chétif, tout honteux, ce pauvre cadeau-là, parmi tant de somptueux présents.

— Oui, répondit-elle, étonnée; vous le saviez ?

— Je l'ai deviné. Ce pauvre Horace...

— Ah ! c'est vrai, je me rappelle, M. Berchon est employé dans un chemin de fer, n'est-ce pas ? Il n'est pas riche; il gagne péniblement sa vie. Eh bien ! pourquoi ne reste-t-il pas dans son monde ? Il n'aurait pas dû se faire présenter à moi.

— Il vous aimait.

— Vous croyez ?

— Il vous aimait, madame, profondément. Ignorez-vous l'histoire de cet amour? Elle est un peu romanesque. Une fois que vous reveniez de Trouville, vous avez failli tomber en descendant du wagon ; quelqu'un s'est précipité, vous a retenue; un homme piètrement vêtu, un employé, comme vous dites. C'était Horace Berchon. Par malheur, vous lui avez dit : « Merci, » et votre voix est de celles que jamais plus on n'oublie.

— C'est ainsi qu'il est devenu amoureux de moi ?

— Ainsi.

— C'est très amusant.

— Tout à fait amusant.

— Mais qui donc me l'a amené ? je ne me souviens plus.

— Moi.

— Ah ! oui.

— Il souffrait beaucoup de ne pas vous revoir. Je le connaissais depuis longtemps; nous avions été au collège ensemble. Il m'a tant prié que j'ai fait ce qu'il voulait.

— Vous avez eu le plus grand tort.

— Certes !

— Mais, demanda-t-elle avec un sourire, pourquoi disiez-vous qu il m'aimait ? Il ne m'aime donc plus ?

— Non.

— Déjà ?

— Il est mort, madame.

— Oh ! il est mort ! dit-elle, sans songer à ne plus sourire.

— On l'a enterré ce matin.

— Et que lui est-il donc arrivé, pour mourir si vite ?

— Presque rien. Il a acheté cette boîte de bonbons, voilà tout.

II

L'histoire était simple et lugubre. A revoir souvent cette femme, Horace Berchon était devenu fou. Reçu à l'hôtel Portalègre, les soirs de grandes fêtes, il se tenait dans quelque coin, timide, la dévorant du regard. On ne prenait pas garde à cet inconnu, personne ne lui parlait. Une fois pourtant, quelqu'un lui adressa la parole, — « Faites avancer ma voiture, je vous prie, » — croyant que c'était un domestique, à cause de son habit défraîchi et de son gilet trop montant. Ce costume de soirée ! Pour le payer, — en partie seulement — il avait vendu tous ses autres vêtements. N'ayant plus que lui, il était obligé de le porter tous les jours, même pour aller à son bureau. Cela s'use vite, le drap fin ; Horace avait l'air, parmi les danseurs élégants, d'un mendiant en habit noir. Peu lui importait, il la voyait. Seulement, quand il se retirait, le plus tard possible, il avait soin de guetter, pour sortir, le moment où il n'y avait personne dans l'antichambre, — afin qu'on ne s'aperçût point qu'il ne reprenait pas de pardessus. De ces soirées il rapportait dans sa petite chambre d'hôtel, — près de la gare du Havre, — la vision de l'éblouissante créature traînant, à demi nue, des dentelles et des soies entre une double haie de saluts ; et, toute la nuit, sur le petit oreiller chaud de sa fièvre, il baisait des épaules et mordait des cheveux.

Décembre touchait à sa fin ; Horace Berchon, tout à coup, un matin, en remarquant que l'on bâtissait de petites baraques sur le boulevard, pensa à une chose : tous les hommes qu'il rencontrait dans les salons de l'hôtel Portalègre enverraient des étrennes à la marquise, certainement ; pour en envoyer, lui aussi, comment ferait-il ? Oh ! son ambition n'allait point jusqu'à acheter l'un de ces précieux brimborions que l'on admire aux étalages des magasins somptueux ; il faudrait bien qu'il se résignât à n'offrir que des bonbons dans quelque pauvre boîte ; mais cela, si peu que ce fût, le pourrait-il seulement ? Hélas ! pour apaiser le tailleur qui réclamait cent francs encore, — à cause de l'habit, déjà usé, — il avait dû engager ses appointements de décembre ; et comme il n'était employé que depuis trois mois, il n'avait aucune gratification à espérer. Ainsi, pas d'argent ! et par suite, pas d'étrennes à Mme de Portalègre ! Pas même quelques marrons glacés dans un sac de papier blanc où le nom du confiseur resplendit en lettres d'or. A mesure qu'approchait le fatal jour de la nouvelle année, son angoisse redoublait, devenait intolérable. Il lui aurait fallu dix francs au moins ! Oui, avec dix francs, il aurait pu avoir, peut-être, quelque chose de « convenable ». Mais où les trouver ? Dix francs, qu'on n'a pas, c'est comme un million qu'on cherche. Et le premier janvier arriva. Dès le jour levé, Horace Berchon, après toute la nuit sans sommeil, entendit des pas rapides dans la rue ; des hommes, qui avaient de l'argent, eux, allaient acheter des cadeaux pour leurs parents, pour leurs femmes, pour leurs maîtresses. Lui seul n'avait pas le sou, lui seul ne pouvait rien donner. Ne rien donner à celle qu'il aimait cent fois plus qu'aucun homme n'avait jamais aimé maîtresse, femme, ou parent ! Et, sans nul doute, Mme de Portalègre remarquerait cette abstention. Elle croirait qu'il n'avait pas pensé à elle, ou bien elle dirait : « C'est un jeune homme mal élevé. » Il sauta du lit ! Il irait chez les amis qu'il avait. Brave garçon, et pauvre, il n'aimait pas à devoir ; mais, cette fois, il vaincrait ses répugnances, il emprunterait. Dix francs, enfin, ce n'est pas grand'chose ; on pouvait bien lui prêter dix francs ; il les rendrait à la fin de janvier. Horace Berchon n'eut point de chance ; quelques-uns de ses amis étaient déjà sortis, d'autres se trouvaient sans argent, la plupart objectaient qu'ils avaient des étrennes à faire, eux aussi. Ce fut une affreuse journée de vaines démarches, d'humiliations amères ; et, le soir, toute espérance perdue, n'ayant pas dîné, harassé, il s'appuya contre un mur, les yeux pleins de grosses larmes. Il poussa un cri de joie : son habit, il avait son habit ! Il pouvait le vendre, on lui en donnerait au moins dix francs. Oui, oui, il fallait le vendre. Comment ferait-il, sans frac, pour aller aux soirées de Mme de Portalègre ? Il verrait plus tard, il s'arrangerait, un autre tailleur lui ferait crédit. Le plus pressé, c'était les étrennes, les indispensables étrennes. Il entra chez un acheteur de défroques, ne put obtenir que huit francs en échange du vêtement, assez râpé il est vrai, courut à une boutique d'épiceries étincelante de bonbons et de coffrets de soie sous le gaz. Mais, pour huit francs, il ne trouva rien qu'on pût décemment offrir, à une si grande dame surtout. Avec quarante sous de plus, il n'aurait eu que l'embarras du choix ; il regardait une mignonne boîte bleue, nouée d'une ganse d'or, qui aurait joliment fait son affaire. Il revint, essoufflé, chez le marchand d'habits, vendit son gilet, — deux francs, tout juste, — retourna chez l'épicier, acheta la boîte, et courut à l'hôtel Portalègre où il remit les bonbons au concierge en détournant un peu la tête pour ne pas être reconnu. Enfin ! il avait réussi ! Lui, pauvre diable, — comme les beaux jeunes hommes des bals, — il donnait des étrennes à la marquise. Un fier contentement lui gonflait la poitrine... Alors seulement, il s'aperçut qu'il grelottait, qu'il avait la fièvre, que tout son corps était froid comme de la glace. Depuis près d'une heure, il allait en manches de chemise dans le vent qui cingle, sous une pluie de neige fondue. Il voulut rentrer chez lui, très vite, mais il pouvait à peine marcher, il chancelait, frissonnant des pieds à la tête. Les gens croyaient que c'était un homme ivre. Cela lui fut très difficile de se traîner jusqu'à sa rue, jusqu'à sa maison, et, dans les escaliers, il tomba. On le trouva là, sursautant, avec des paroles de délire, et on le porta sur son lit. Un médecin appelé à la hâte parla de congestion pulmonaire. Horace Berchon mourut le surlendemain.

III

Mme de Portalègre avait écouté ce récit, tranquillement, en fixant tantôt sur moi, tantôt sur la boîte bleue, la limpidité féroce de ses grands yeux verts. Quand je me tus, elle ne dit pas un mot. Ce fut un long silence. Je sortis, après un salut. De l'antichambre, où un valet de chambre m'aidait à endosser mon pardessus, je pouvais voir l'intérieur du salon dont la porte était restée entr'ouverte. Mme de Portalègre, assise devant la cheminée, tenait sur ses genoux la pauvre boîte à ganse d'or. Elle l'avait ouverte, considérait les bonbons, — des bonbons communs, marrons glacés en miettes, pralines décolorées. Elle en prit un, le mangea, sourit, en mangea un autre, et un autre, puis d'autres, en souriant toujours. Elle avait l'air de les trouver excellents.

MADELEINE JUDAS

Quoi, baronne, c'est donc vrai, et tout ce qu'on dit, il faut le croire ? Vous avez fait cette vilaine besogne, vous, si jolie ? car vous l'êtes, jolie, avec vos airs fous de mondaine exaspérée, que tempère savamment, quand il convient, la réserve un peu froide d'une jeune institutrice. Ces petits doigts qui auraient dû ne se laisser frôler que par des mains éprises, ont tripoté de l'argent dans des sacs mal acquis ? Pour des roubles à Saint-Pétersbourg, pour des frédérics à Berlin, pour des louis en France, vous avez employé à lire d'affreux chiffres de contingents et de fournitures militaires vos doux yeux bruns où rêvent des souvenirs d'alcôve ? Vos lèvres grasses, qui nous font, rien qu'à les voir, venir le baiser à la bouche, ont questionné sournoisement de vieux généraux imbéciles, et vos oreilles, petites et compliquées comme des œillets nouveaux, où l'abeille-je t'aime devrait seule bourdonner, ont volé des secrets d'État ? Certes, nul n'aurait songé à vous blâmer de mentir un peu et de tromper souvent, puisque vous êtes femme ! mais c'était un amant qu'il fallait tromper pour un autre, — cela eût fait deux heureux ! — et c'était en jurant d'être fidèle qu'il vous était permis de mentir ! Vous avez préféré trahir, pour des sommes, des nations ! Ah ! Dieu, guetter l'instant d'abandon suprême où le niais qui vous adore noie ses regards dans vos yeux, pour lui demander en roucoulant d'amour : « Dites-moi, chère âme, combien de régiments, en cas de guerre, la France pourrait-elle mobiliser ? » Oh ! je n'essaierai pas de vous expliquer que cela est infâme ; gageons que vous ne comprendriez point ; mais, à défaut de conscience, vous avez du goût, n'est-ce pas ? — vos exquises toilettes le prouvent ! — et vous auriez dû vous garder d'être une espionne, madame, sinon parce que cela est mal, du moins parce que cela est laid.

Donc, voici que vous êtes une créature parfaitement méprisable. Pourtant je ne puis me défendre d'avoir pour vous un peu de miséricorde encore, à cause d'une vieille aventure, où vous avez été sans doute abominable et abjecte, mais où je ne sais quel éclair de tendresse vous a, très vite, traversé le cœur.

Il y a douze ou treize ans, Boris Alexandrowitch Boronine, — vous vous souvenez, n'est-ce pas? — étudiait le droit à Saint-Pétersbourg. C'était un jeune homme un peu farouche, très doux. L'esprit plein de visions, l'âme pleine de rêves. Il conspirait contre le tzar. Mettons qu'il était un de ceux que l'on appelait déjà nihilistes. La conspiration avortée, on enferma l'étudiant dans une forteresse; mais il s'évada et réussit à quitter la Russie, ce dont la police impériale se montra fort irritée, car Boris passait pour un homme dangereux. Il fallait le ressaisir! Par quel moyen? Enverrait-on des agents à l'étranger? Oui, sans doute. Mais les mouchards ont la poursuite lente et la ruse maladroite. Par bonheur, vous étiez là, baronne. Le prix débattu, vous partîtes le plus tôt qu'il fut possible, — cette maudite couturière française n'en finissait pas de vous livrer vos toilettes nouvelles! — pour le grand-duché de Weimar, où l'on savait que Boris s'était réfugié.

Je crois qu'il y a plus de roses à Weimar qu'en aucune ville du monde. Tout mur sert de prétexte à des escalades de rosiers; chaque fenêtre est la source d'une cascatelle parfumée; pas d'encoignure qui ne soit un parterre; et même les ruelles marchandes ressemblent à de frais chemins tout rougissants d'églantines sauvages. Puis Weimar a son parc auguste et souriant, grandiose et joli, qui eut Gœthe pour Le Nôtre; le jardinier continua logiquement le poète courtisan : il ouvrit des avenues cérémonieuses comme une cantate princière et ménagea dans les taillis des venelles de roses, fleuries comme des lieds. J'aime surtout les lieds et les venelles. Le blason de Weimar devrait être, sur fond de sinople, une touffe de roses mousseuses.

C'est dans cette ville en fleur que Boris vivait seul, triste, et rêvant de la patrie. Mais le surlendemain de votre arrivée, madame, il avait tout oublié, sa misère, ses mélancolies, et même sa tendresse enthousiaste pour la Russie opprimée. Qu'aviez-vous fait pour le troubler ainsi? Vous aviez levé un instant votre voilette, en passant près de lui, sous les arbres du parc.

Ce fut toute une idylle exquise et passionnée, car il vous aima d'un amour profond, et, vous, clémente pour cet enfant exilé, vous n'aviez pas voulu lui refuser la consolation de l'espoir. Dans la fraîcheur du matin, le long des pelouses où traînent encore des écharpes de brouillard, le soir, quand l'horizon s'ensanglante entre les fûts des arbres, vous alliez ensemble le long des doux sentiers solitaires, et, penchés l'un vers l'autre, délicieusement bercés par la caresse de vos voix unies, les yeux dans les yeux, les lèvres près des lèvres, vous sentiez s'ouvrir dans vos cœurs plus de roses qu'il n'en fleurissait aux épines des buissons.

Eh bien! pourquoi ne le faisiez-vous pas empoigner par les quatre policiers qui vous avaient accompagnée en Allemagne? parce que vous ne pouviez pas, parbleu! En ce temps-là, le grand-duc de Weimar se montrait fort jaloux des privilèges de son autorité, et l'enlèvement d'un étranger ne se serait pas effectué sans scandale. Au contraire, dans le duché de Saxe-Meiningen, — tout proche, — vous auriez pu agir à votre aise ; le principicule de cet État lilliputien se serait bien gardé d'inquiéter une envoyée secrète du tzar! Il fallait donc amener Boris à se hasarder dans la principauté voisine; et voilà pourquoi vous aimiez ce jeune homme.

Un soir, votre chaise de poste, — deux valets sur le siège et deux valets derrière, — quitta Weimar, entra sur le territoire de Saxe-Meiningen, et s'arrêta devant une petite maison, où une seule fenêtre luisait à travers les obscures branches du jardin.

Vous l'aviez louée cette maison, et Boris vous y attendait. Oh! il n'avait pas été bien difficile de le décider à passer la frontière! « C'est là, loin des curieux, dans une solitude de fleurs et de feuillages, que je veux être à vous pour la première fois! » Cette parole l'avait rendu ivre. Vous posséder! Ah! pour vous posséder, dans quel gouffre ne se fût-il pas précipité? et ce n'était pas un gouffre, cette maisonnette à laquelle, pour être un nid, il ne manquait que les oiseaux. Les oiseaux seraient bientôt là.

A peine descendue de voiture, les quatre valets vous entourèrent.

— C'est le moment? dit l'un.

— Oui, montez l'escalier derrière moi, sans bruit Dès que j'aurai entr'ouvert la porte de la chambre, vous vous jetterez tous les quatre sur Boris, vous le bâillonnerez et vous l'emporterez dans la voiture. Ah! vous savez, s'il résiste trop violemment, vous pouvez l'étrangler. Allons.

Les hommes de police vous suivirent dans la maison. Vous aviez réussi! vous teniez le conspirateur, le nihiliste! il serait pris, tué peut-être! votre mission serait pleinement remplie! Comme votre main allait saisir le bouton de la porte, une hésitation vous vint. A quoi pensiez-vous? à l'amour, à la confiance de ce jeune homme qui vous attendait tout bouleversé d'ivresse? Oui, à cela, peut-être, à d'autres choses encore...

Les policiers, étonnés, vous regardaient.

— Ah! bien, non, — demain matin seulement!

Et un instant plus tard, dans la chambre, les yeux mi-clos, un peu humides, et vos belles lèvres offertes, vous perdiez, ma foi, tout à fait la tête sous les baisers effrénés de Boris!

A l'aube, il fut saisi, garrotté, enlevé. Mais enfin, avant de lui prendre tous ses jours, vous lui aviez donné une de vos nuits. Il vous sera un peu pardonné, madame, parce que vous avez un peu aimé. Seulement, depuis, il est mort en Sibérie.

LA PETITE THOMASSON

I

C'était à un souper de centième, chez Brébant, dans la grande salle tapissée de noir et d'or, où les pendeloques des candélabres et des appliques, pareilles à des grappes d'eau gelée, ensoleillée, tintinnabulent dans le va-et-vient éperdu des garçons avec un bruit de chapeaux chinois de cristal. Sonneries de fourchettes et de rires, propos confus, envolés, que poursuivent des heurts de verres, et, çà et là, des causeries à voix basse pendant que les coudes de drap s'attardent à frôler les coudes nus. Car, sous le tremblement clair des bougies, autour de la nappe lumineuse, damassée de bouquets et d'arabesques, et miroitante de porcelaines et luisante d'argenteries, il y avait là, en habit noir, et le gardenia à la boutonnière, tout l'esprit de Paris journaliste, et, en costumes de théâtre, jupes courtes et corsages bas, satins, soies, fleurs et dentelles, toute la beauté de Paris cabotin. A vrai dire, les belles filles remplissaient seules consciencieusement leur fonction qui est de montrer aux yeux émerveillés la chaude neige vivante des bras et des épaules, et la rose grasse des rouges bouches. Les hommes d'esprit étaient bêtes ! Toute l'inepte facétie des plus antiques anas, et les banales métaphores de l'argot boulevardier, et les calembours depuis vingt ans vulgarisés par les refrains de cafés-concerts, se mêlaient dans le brouhaha des apostrophes et des ripostes. Prenez cinquante hommes parfaitement spirituels, mettez-les ensemble, dans une fête : il y a gros à parier que vous obtiendrez une cinquantaine d'imbéciles. Pourquoi ? Mystère. Peut-être la convention tacite d'être tous « amusants » annule-t-elle l'originalité de chacun ; peut-être la présence de rivaux qui observent gêne-t-elle la franchise des élans et des saillies. Mais, ce soir-là, à défaut de l'esprit, la gaieté riait, bruyante; et, puisque les vins étaient bons et les femmes jolies, puisqu'il se mêlait à la vapeur des plats des odeurs de veloutine et de peau, il y avait au cœur et dans les yeux des convives cette joyeuse humeur que donnent la bonne chère et la belle chair.

Brusquement, Rose Mousson sanglota dans son assiette toute rouge d'écrevisses à la bordelaise, parce que son amant, un ténor des Folies-Parisiennes, s'était avisé, en se baissant sous la table pour ramasser sa serviette, de faire pousser un cri à la grosse Constance Chaput. Ce chagrin aurait pu troubler la gaieté des gens. L'incident passa inaperçu grâce à la petite Thomasson qui soupait, cette nuit, avec les grandes personnes à cause de son succès dans la pièce fêtée. Elle prit Rose Mousson par le bras, l'emmena dans l'embrasure d'une fenêtre, et là, derrière les rideaux de cretonne rosâtre, que traversaient les lueurs de la salle, elle se mit à la consoler et à lui faire de la morale entre quatre-z-yeux.

— Ah! bien, il faut que tu sois joliment godiche, tout de même, de te tourner les sangs pour un homme! dit-elle avec la voix aigre et criarde, jeunette et vieillotte à la fois, de Déjazet à soixante-dix ans. Avec ça que c'est une belle marchandise, les hommes! Et celui-là est pire que les autres. Un joli monsieur, parlons-en, qui déjeune tous les matins chez toi, et ne t'a jamais demandé où tu trouves l'argent pour envoyer au marché. Ne dis pas non! je le connais, cet oiseau-là; il était avec Léo du temps qu'elle logeait dans la maison où je demeure. C'était avec les billets de banque de Léo qu'il payait son tailleur. Je te dis que c'est vrai ! Je me trouvais là un jour qu'elle lui réclamait la monnaie, et qu'il ne voulait pas la lui rendre; il avait besoin d'argent pour aller au café, ou ailleurs ! Non, c'est trop bête de se laisser gruger comme ça. Oh ! je sais bien ce que tu vas me dire. Tu l'aimes ! tu l'aimes ! Voilà encore une bonne farce, l'amour. Ma fille, tu n'es pas de ton temps. Est-ce qu'on aime aujourd'hui ? Bon dans les pièces, pour faire pleurer les bourgeois, mais on sait bien que ce n'est pas arrivé. Sans doute, sans doute, tu es jeune et tu veux t'amuser, je comprends ça. Ce n'est pas une raison pour perdre son temps à des bêtises, comme une innocente ! La fête soit, si le cœur t'en dit. Il y a des femmes qui aiment ça. On ne peut pas se refaire. Mais sois raisonnable en même temps, réfléchis. Jolie comme te voilà, c'est honteux que tu n'aies pas déjà ton hôtel et ta voiture. Regarde Rose Flaman ! En voilà une qui ne s'emballe pas pour des cabotins ! Aussi deux maisons à Bougival, et des rentes sur l'État, ma chère. Mais, toi, je t'en avertis, si tu ne me flanques pas le ténor à la porte, tu n'arriveras jamais à rien, et tu seras malheureuse comme les pierres. Ça te fera une belle jambe, quand tu seras ouvreuse de loges ou balayeuse des rues, d'avoir chanté des duos avec ton rossignol de carton !

La petite Thomasson, qui parlait ainsi à Rose, en bonne camarade, aura treize ans, l'an prochain, le dimanche de Pâques-Fleuries.

II

Est-ce qu'il y a des oiseaux qui gazouillent dans les arbres ? Est-ce qu'il y a, dans l'herbe, des fleurs que l'on cueille en riant pour faire des bouquets ? Existe-t-il des enfants qui jouent tout le jour, dans l'air libre, au soleil, puis s'endorment, le soir, las et heureux, sur les genoux de la mère qui les berce avec une belle chanson ? Et, ces poupées que l'on voit derrière les vitrines des marchands de jouets, les donne-t-on, vraiment, à des petites filles qui les habillent, les déshabillent et les couchent avec de tendres ravissements ?

La petite Thomasson l'ignore, l'a toujours ignoré. Ou, si elle soupçonne qu'il y a dans les arbres des oiseaux et des fleurs dans les herbes et des enfants bercés par les mères et des poupées bercées par les fillettes, c'est qu'il est question de tout cela, quelquefois, dans les chansons ou dans les rôles qu'on lui donne à apprendre.

Fille d'une concierge de petit théâtre qui avait été marcheuse au Châtelet, elle est née, elle a grandi dans la puante atmosphère des longs couloirs obscurs et des escaliers étroits où vont et viennent, avec des jurons grossiers et de sales propos, les garçons machinistes et le troupeau des figurantes. A cinq ans, elle portait des lettres dans les loges d'actrices, rôdait, du matin au soir, dans les coulisses. Au lieu du soleil, le gaz; au lieu des frais paysages et des jardins fleuris, la peinture des toiles de fond; pour ciel, les bandes d'air qui tremblent comme du linge qu'on a mis à sécher; et, tandis qu'il ne lui était rien révélé de tout ce que veulent savoir les curiosités ingénues de l'enfance, elle apprenait tout ce qui peut souiller et pervertir la jeune candeur d'une âme. Les impudeurs du déshabillé dans les loges entr'ouvertes, les enlacements, dans les corridors mal éclairés, des couples qui ne se dérangeaient pas pour elle, et toutes ces basses aventures, les rendez-vous accordés en réponse à des billets remis par une ouvreuse, les marchés conclus avec des vieilles qui apportent des bouquets et s'en retournent très vite, l'entouraient, l'enveloppaient.

A vrai dire, elle apprenait le mal, à force de le voir, sans le comprendre encore, comme un écolier apprend par cœur, à force de la lire, une leçon trop compliquée pour son âge ; et, toujours ingénue, mais répétant les paroles qu'elle entendait, cyniques ou libertines, imitant les gestes, les attitudes qu'elle observait, elle avait je ne sais quelle innocence infâme. Quelquefois, des instincts d'une vie différente s'éveillaient en elle, gais et charmants. Un jour, pendant la répétition d'une opérette-féerie, elle regarda longtemps, derrière un décor, un « fil » déroulé qu'un machiniste avait laissé là, et, brusquement, — bien que peut-être elle n'eût jamais vu sauter à la corde, — elle saisit le fil, et se mit à sauter à la corde, éperdument ! Un choriste, en habit de courtisan du pays des Sonnettes, trouva qu'elle gênait son entrée, et, d'une poussée, l'envoya rouler dans un coin, en criant : « Ote donc tes pieds de là, vilaine bête ! » Elle pensa que ce n'était pas bien de sauter à la corde. Une autre fois, — le matin, — assise sur le degré de pierre, devant l'entrée des artistes, elle suivait d'un long regard étonné et triste les petites filles qui s'en vont par groupes, un panier au bras, des livres dans la main, et, se tournant vers sa mère qui balayait le couloir : « Oh ! maman, dit-elle avec une voix toute tremblante d'un passionné désir, moi aussi, je voudrais aller à l'école ! » Mme Thomasson lui flanqua une gifle ! l'enfant se résigna, supposant que ce n'était pas honnête, d'aller à l'école.

Mais ces révoltes étaient rares et le devinrent de plus en plus. Elle commençait à aimer, en le comprenant, le mal qui était autour d'elle. Oui, elle comprit! à neuf ans! Le vice a de ces précocités. Il y a des primevères empoisonnées. Des gens s'étaient trouvés, d'ailleurs, — non certes parmi les artistes! mais parmi les personnes qui vivent d'eux, et autour d'eux, et qui sont à un théâtre ce que les goujats sont à une armée, — des gens s'étaient trouvés pour lui expliquer les choses, pour faire son éducation, comme on dit. Et la chute de cette petite âme fut irrémédiable, lorsque Mme Thomasson, — on ne peut pas toujours garder à rien faire une enfant qui vous coûte les yeux de la tête! — s'avisa d'offrir sa « fillette » au directeur pour jouer un rôle de princesse naine dans une féerie que l'on montait.

La fillette joua le rôle, et, par son aplomb de gamine dépravée, elle eut, ma foi! beaucoup de succès. On la demanda dans tous les théâtres, pour toutes les pièces où il y avait un enfant. Des succès! des succès encore!

C'en était fait d'elle, désormais; car, ce qui avait pu lui rester encore de naturel enfantin, elle le perdit dans les artifices de la scène, ne fut plus elle-même, jamais plus, ne prononça plus une parole qu'avec le ton qui lui avait été enseigné, ne fit plus un geste que l'auteur n'avait pas indiqué, et finit par être, au bout de quelques mois, à douze ans, et même dans la vie réelle, non pas une jeune comédienne, mais une affreuse petite femme de théâtre. En même temps, comprenant de plus en plus, acquérant d'étranges expériences, elle devenait une créature parfaitement perverse, et parfaitement consciente, hélas !

C'est pourquoi, la nuit du souper de centième, elle « fit de la morale » à Rose Mousson derrière le rideau de cretonne rosâtre, et pourquoi, le souper finissant, — pendant que les derniers couples, un peu avinés, se parlaient de très près, à voix basse, sous le jour d'aurore qui avait l'air, à travers les vitres, de souffler les bougies, et que Mme Thomasson, la mère ! toute gonflée de nourriture, s'acharnait à une bouteille de chartreuse jaune, — elle dit à la grosse Constance. Chaput lourdement étendue sur trois chaises dans le fond de la salle : « C'est ça, j'irai te voir demain, après la répétition, mais ne le dis pas à Léo, parce que, vois-tu, si elle apprenait quelque chose, elle m'arracherait les yeux, pour sûr ! »

LA MARQUISE FAUSTINE

I

Les trois lions roux et les trois lions noirs qu'un dompteur malais exhibait en ce temps-là au théâtre de la Porte-Saint-Denis étaient des bêtes suffisamment farouches, et quand, fouaillés de coups de cravache sous les regards de la foule, ils bondissaient dans un pêle-mêle de crinières d'un bout à l'autre de la grande cage ébranlée, la bile en feu de leurs yeux jaunes, l'ivoire nu de leurs dents haineuses et les grossissantes colères de leurs rugissements ne témoignaient pas d'une bienveillance excessive à l'égard de l'espèce humaine. Le dompteur affirmait que quiconque s'introduirait, lui absent, dans la cage, serait immédiatement dévoré ; il n'avait jamais voulu se prêter à une pareille imprudence ; même il répondit : « non » à une très illustre comédienne curieuse d'essayer sur les beaux animaux féroces la grâce endormeuse de son geste et le charme d'or de sa voix.

Mais peu de choses sont impossibles à un jeune homme hardi qui a cinquante mille francs à jeter, chaque jour, par les fenêtres de sa fantaisie ; et comme tel est, précisément, le cas de M. de Nérici, il obtint aisément de passer toute une heure, la nuit, seul avec la marquise Faustine, chez les redoutables bêtes.

Car la marquise avait eu le caprice de souper en compagnie de son amant dans la cage des lions.

II

Si petite et si maigre, grêle et frêle, un peu penchée, l'air d'un roseau cassé, mal relevé par le vent, et qui va tomber encore, la marquise donne à qui la considère dans sa lasse faiblesse l'idée plaintive d'un rien qui se meurt. Mais, regardez-la dès qu'un désir l'anime : elle se redresse, brusque, comme par un ressort touché ; la main se ferme, crispée à briser l'éventail ; pareils aux cordes d'un violon raccordé, les nerfs du bras chétif se tendent, frémissants, prêts à tous les travaux du plaisir et du mal ; les yeux caves, d'or noir, s'allument, et les rouges lèvres sont des piments qui ont envie d'en manger ! Cette faiblesse, qu'une pluie de roses ploierait, devient une vigueur qui tordrait du fer. Ne livrez rien à la marquise de ce qui peut être brisé, ni votre corps ni votre âme ; car, toute mièvre, elle est formidable, de même que, laide, elle est exquise. Elle est anémique ! comme les goules. Aucun des rudes labeurs des mondaines, ni les matinées qui galopent au Bois après les nuits qui n'ont pas dormi, ni les toilettes vingt fois essayées, ni les après-midi où l'on danse, ni, pendant les longs dîners officiels, l'étreinte essoufflante du corset qui mord, ni plus tard, après quelque escalier furtivement monté, sous le voile, les dégrafements hâtifs dans un cabinet de restaurant nocturne, ni toute la rude besogne des amours, des trahisons et du rire, ne la découragent, l'infatigable !

En outre, il y a, dans cette Parisienne d'aujourd'hui une Romaine de jadis ; ce n'est pas sans raison que le nom de Faustine lui fut donné par de sourdes rumeurs. Porte-t-elle en effet, par une obscure métempsycose, l'âme de quelque délicate et féroce impératrice éprise de toutes les joies coupables, souriant d'enfoncer des épingles d'or dans la peau d'ébène, qui saigne bien, des esclaves, — le rouge est beau sur le noir! — s'extasiant d'entendre, parmi les baisers des amants de ce soir, le râle des amants d'hier, là, tout près, dans la cour pavée de pierreries, buvant, certes, comme Cléopâtre, des perles dans le vin, mais buvant aussi des larmes dans le sang? Est-ce seulement que, d'Espagne où les courses de taureaux l'affolèrent, et de Londres où les cervelles jaillissent sous le poing des boxeurs, et d'Italie où, dans les cirques naguère couverts de cendres et d'oubli, les antiques cages à bêtes fauves ont des aménagements étranges, elle a rapporté d'effrayants désirs de barbarie dans la joie et d'horreur dans l'ivresse? On chuchote qu'elle est abominablement perverse, et terrible; avide de tout l'impossible, affamée de tout le défendu. Or, dans la vie actuelle, ceci, en même temps qu'abject, est absurde. Il s'y mêle, à l'ignominie, de la puérilité. Cauchemars de pensionnaire endiablée, que disperse un franc baiser de fiançailles. Fi! marquise, il ne faut pas ajouter aux mauvaises mœurs le mauvais goût. Pour ma part, si vous m'aviez demandé de souper avec vous dans la cage des lions, je n'eusse point manqué de vous accompagner jusqu'à la porte étroite, aux barreaux de fer; là, courtoisement, je vous aurais cédé le pas, puis, fermant la porte derrière vous, je serais allé fumer un cigare au grand air, en rêvant à la petite provinciale que ma grand'tante veut me faire épouser. Mais M. de Nérici, qui, pour baiser vos ongles roses, s'exposerait à toutes les griffes, voulut bien pousser les choses jusqu'au bout ; jugeant peut-être que 'entreprise n'était pas sans grandeur, puisqu'elle n'était pas sans péril.

III

Le souper fut charmant.

Étonnés d'abord, et reculant vers les coins avec des rugissements qui montraient d'affreuses gencives, les lions, bientôt, ne prirent plus garde à ces hôtes inconnus et recommencèrent leur éternel va-et-vient de bêtes ennuyées.

La petite table blanche, en pleine lumière, sous les vingt bougies de deux candélabres de cristal, étincelait d'argenteries, et, à côté des perdreaux froids, dans des corbeilles de Sèvres ajouré, luisait parmi la mousse, entre l'or des raisins et le velours rose-brun des pêches, la soie verte des longues poires.

Les amants s'assirent en face l'un de l'autre, lui, en habit noir, le gilet très ouvert, correct, elle, dans une robe de satin mauve qui s'amoncelle et brille en plis cassés, des roses-thé dans ses cheveux roux qui bouffent, décolletée, allumant aux lueurs sa peau un peu sèche, qui a la couleur d'une écorce de grenade. La queue d'un lion, en passant, renversa le verre mousseline où la marquise avait mis ses gants. « Découpez vite ce perdreau, M. de Nérici ! je meurs de faim, vraiment. » Et, un peu inclinée, les deux mains sur la nappe, elle tendit son assiette en riant, tandis qu'à pas lourds, autour de la table lumineuse, tout près des convives, rôdait incessamment la ronde fauve et noire.

Jamais Parisiens ne montrèrent plus d'esprit que n'en eurent, cette nuit là, ces deux Parisiens ! Mille paroles gaies, rapides, qui ont l'air de ne rien vouloir dire, se dispersent çà et là, sans savoir où, comme des libellules folles, et des silences qui disent tout ; des madrigaux qu'un peu d'ironie pimente ; et vingt contes, sur tous et sur toutes, cruels et jolis, interrompus, recommencés, d'un ton qui n'a pas l'air d'y croire, scandés par les cliquetis clairs de l'argenterie et du cristal. Mais l'intimité rieuse, pendant que le champagne, lui aussi, riait dans les verres, se compliqua d'un peu de tendresse ; il y eut ce moment où les sourires de deux bouches rapprochées vont devenir un baiser.

IV

Les lions s'arrêtèrent.

Immobiles, les babines retroussées, des étoiles rouges dans les yeux, ils considéraient les amants ; parfois un bref frisson ondait la peau de leurs reins, faisait vibrer les muscles de leur poitrine, et, parmi un secouement de crinières, il leur sortait de la gorge un grondement dans de la fumée. Qu'avaient-ils donc ? Que leur arrivait-il ? Ils ne s'étaient inquiétés ni de la lumière, ni des bruits ; et voici que maintenant, devant le couple rapproché, qui jasait, plus tendre, les lèvres près des lèvres...

Les deux sourires furent un baiser !

Alors les six bêtes farouches, comme ivres d'une fureur ou d'une joie soudaine, bondissantes et rugissantes, se ruèrent aux barreaux de la cage dans un formidable pêle-mêle, et revinrent, et s'élancèrent encore. Pas une ne sauta du côté de la table, mais leurs yeux de flamme rouge, toujours se tournaient, irrités ou attendris, — car la tendresse des monstres ressemble à de la colère, — vers le jeune homme et vers la jeune femme, vers la jeune femme surtout ! Le péril était extrême, certainement. « Bah ! » dit la marquise ; et M. de Nérici n'était pas là pour la contredire. Ils se parlaient tout bas, dans le tumulte énorme, câlins parmi les félins. Un instant le brouhaha s'alanguit. Elle remarqua que l'un des lions noirs, qui avait rampé vers elle, roulait voluptueusement sa tête dans le satin de la robe traînante ! Puis les bonds, de nouveau, ébranlèrent les planches et les ferrures ; et, jusqu'à l'heure où le Malais survint, le murmure éparpillé de baisers fut comme une envolée d'oiseaux chanteurs dans un fracas de tonnerres.

V

— Vous n'avez pas eu peur ? demanda le lendemain Madame de Soïnoff à la marquise Faustine.

— Mon Dieu, non.

— Et vous vous êtes divertie ?

— Oui, assez, je crois. Seulement je songeais à une chose.

— A laquelle, dites ?

— Il est vraiment fâcheux que l'on n'enferme pas aussi, quelquefois, ceux qui nous aiment ou nous ont aimées derrière des barreaux, comme on enferme les fauves.

— Oh ! dit la petite madame de Soïnoff, étonnée, pourquoi donc, ma cruelle belle, aviez-vous une pareille pensée ?

La marquise Faustine fit tomber du bout de l'ongle la cendre penchante, à demi cassée, d'une cigarette rose.

— Pourquoi ? dit-elle ; parce que ce serait amusant, peut-être, de souper avec un lion dans la cage des hommes.

MADEMOISELLE ABISAG

L'un de ces derniers mardis, je montais le grand escalier de la Comédie-Française. Je m'arrêtai, ravi, et m'inclinai, plein de respect ; car c'était un spectacle à la fois charmant et vénérable que celui de cette jeune fille, svelte et grande, et si parfaitement belle, soutenant, de marche en marche, la descente saccadée de ce lent et infirme vieillard. Parfaitement belle en effet ! avec la candeur un peu froide et hautaine, auguste, qu'ont les lys et les vierges. Cependant elle se courbait, s'humiliait, filiale servante. Et elle n'avait, dans les yeux, dans l'attitude, ni orgueil, ni résignation, ni un excès de tendresse qui aurait pu paraître affecté. Elle ne cherchait pas les regards, ne les évitait pas. Un grand air de simplicité. Évidemment, l'habitude et la satisfaction d'accomplir son devoir faisaient qu'elle trouvait naturel de l'accomplir. C'est ainsi que Cordélie eût aidé le roi Lear à descendre du trône. Je devinai toute une vie de grave et ingénu sacrifice, d'inconscient héroïsme. Puis, comme on jouait, ce soir-là, l'*Œdipe Roi*, de M. Jules Lacroix, je me pris à songer à l'*Œdipe à Colonne*, de Sophocle, et j'entendis dans mon souvenir le soupir divin d'Antigone : « Ce qui n'est doux à personne m'était doux quand je le soutenais de mes mains ! »

— Tu connais le général Glinckosch? me demanda Valentin en me prenant le bras.

— Non.

— Tu viens de le saluer.

— J'ai salué sa fille aussi, que je ne connais pas davantage.

— Sa fille?

— Cette personne qui l'aide à descendre l'escalier.

— Ce n'est pas sa fille.

— Sa nièce, soit, ou quelque parente plus éloignée.

— Le général n'a pas de parente.

— Oh! m'écriai-je avec le geste de dégoût que l'on aurait à voir, sur une églantine, se traîner une limace, elle n'est pas sa femme au moins?

— Elle n'est pas sa femme.

Mais Valentin souriait, d'un mauvais sourire, qui me déplut.

— Tu ne vas pas dire, je suppose, que, belle, fière, pure comme je l'ai vue, cette jeune fille est la maîtresse de ce vieillard ?

— Sa maîtresse ? Non.

—A la bonne heure. Mais qu'est-elle donc, alors, au général Glinckosch ?

— On frappe les trois coups. Viens au foyer, si tu veux connaître une histoire bien autrement monstrueuse et lamentable que les incestueuses amours d'Œdipe et de Jocaste.

« As-tu regardé le général ? Il est hideux, avec ses petits yeux striés de sang et de bile, qui, sous la bouffissure des paupières, pleurent toujours une larme sale ; avec sa peau grise, pareille à de la terre sèche, et qu'ont crevassée, çà et là, des effritements de vieilles plaies ; avec sa bouche lasse et basse, d'où pend et remue, quand il marche tout secoué de tremblements, une langue de King's Charles, mais pas rose, blanchâtre, exsangue. Jamais aussi abjecte face n'a souillé le regard des hommes et des femmes depuis que le prince Saratoff est allé pourrir sous la terre, — ce qui n'a pas dû être long ! dirait le fossoyeur de Shakspeare. Et l'âme du général, si on pouvait la voir, paraîtrait plus immonde que sa face. Avant de l'emporter, il faudra que le Diable, qui a ses délicatesses, la lave! Si distrait que tu sois, tu as dû entendre vingt anecdotes, que tout le monde chuchote, et qui sont vraies. On raconte encore dans les ambassades pourquoi le colonel Glinckosch, en 1863, à Vienne, faillit être rayé des cadres de l'armée; le procès n'eut pas lieu, par ordre de l'empereur; et les deux victimes — elles ont épousé par la suite deux bourgeois de Buda-Pesth — furent mises dans un couvent, aux environs de Salzbourg; l'une d'elles est restée à demi folle. Depuis dix ans qu'il a pris sa retraite et qu'il habite la France, le général a pu, grâce à son immense fortune, — un revenu de deux millions de florins! — éviter les scandales trop retentissants; mais des affirmations circulent à voix basse, difficiles à contredire. On sait ce qui s'est passé, plus d'une fois, dans le petit hôtel de l'avenue Hoche, qui a trois entrées; on n'ignore pas à la suite de quelle obscure aventure une servante normande, arrivée la veille de son village, a été trouvée, un matin, derrière l'hôtel, un mouchoir dans la bouche, et les mains liées avec des jarretières! Même quand ils ne vont pas jusqu'au crime, les vices du général sont singuliers et redoutables. Interroge, dans les coulisses des petits théâtres, ou dans les écuries de l'Hippodrome, les belles filles qui ignorent d'ordinaire les timidités et les réticences; les plus téméraires en propos ne te raconteront pas sans embarras les étranges soupers et les fêtes que Glinckosch leur a offerts dans des boudoirs machinés comme les petites maisons des Fronsac et des la Popelinière. Quels tableaux étaient accrochés aux murailles, quels dessins égarés sur les meubles, et de quelles comédies elles ont été les actrices, — car on joue la comédie chez le général, — deux ou trois seulement ont osé l'avouer, en se troublant, presque rougissantes. A présent, les plus bassement intrépides, que viennent tenter en vain les entremetteuses montrant des billets et de l'or, ne consentent plus à aller chez l'horrible homme ! car la perversité de ses exigences s'est exaspérée encore depuis que les années ont définitivement aboli ses forces ; et la grosse Constance Chaput, qui, pourtant, a été pendant trois mois la maîtresse du comédien Vassang, et, pendant huit jours, l'amie de la petite Thomasson, a refusé net les mille louis qu'elle devait trouver dans le bénitier d'une infernale alcôve. Eh ! bien, entends ceci : à ce monstre, laid, vil, terrible, dont les prostituées ont peur, une jeune fille, dix-huit ans, pure, et si belle, — oui, celle que tu as vue tout à l'heure, — est venue s'offrir, un matin, d'elle-même, sans être sollicitée, résolument, et, le soir, elle a dormi, infâme Abisag, près de l'abominable vieillard ! »

J'interrompis Valentin avec un geste d'horreur.

— Non, non! c'est impossible! Pourquoi aurait-elle fait cela? L'inexplicable ne peut pas être vrai!

— Eh! qui donc prétend que la conduite de Mlle Abisag soit inexplicable en effet? Écoute encore, et tâche de reconnaître enfin qu'il y a autre chose dans la vie que de chastes serments et d'ingénus abandons sous les bosquets de roses que la lune amoureuse ose baiser à peine!

« Être belle, rien de mieux, et, certes, sa beauté, son charme, sa jeunesse, on voudrait donner tout cela à quelque beau et fier jeune homme, — mari ou amant, — qui vous emporterait vers la joie entre des bras vigoureux. Aimer, être aimée, c'est le rêve éternel et charmant! Mais on est pauvre, et c'est horrible, même quand on est deux, même quand on s'adore, la misère, la chambre sans meubles, le buffet vide, la cheminée qui a froid, et le coup de sonnette, tout le jour, du créancier qui parle haut sur le palier, et les nuits inquiètes malgré la tendresse des baisers, et la rancœur, surtout, de voir passer en victoria des femmes de soie et de dentelles, tandis que l'on s'en va, à pied, en robe d'orléans, porter la dernière paire de draps au mont-de-piété voisin. Devenir une fille, comme tant d'autres? Oui, cela se pourrait. Mais c'est affreux aussi de se donner sans aimer. Puis, la réussite est incertaine ; on a beau être jolie et jeune, on peut ne pas être vue ; alors on tombe très bas, tout de suite ; et, comme on se défraîchit vite dans le ruisseau, on est un vieux ruban fané, que les chiffonniers eux-mêmes ne ramassent plus. Non, ce qu'il faudrait, ce serait une occasion de s'enrichir tout à fait, en une seule fois. A quel prix ? Il importerait peu ! pourvu que l'on devînt vraiment riche, assez riche pour être libre, et pouvoir ensuite être heureuse à son gré. Raisonnement coupable, je ne dis pas non ! Mais Abisag l'a fait comme tant d'autres misérables créatures. Et elle a trouvé l'occasion, elle, — telle qu'il la lui fallait, justement ! et, avec une brusquerie de décision, qui, dans un autre ordre d'idées, eût été admirable, elle l'a saisie, comme un oiseau de proie agriffe un oiselet. Par quelle patiente volonté, ou par quelle rencontre de hasards, l'événement a-t-il été produit ? Je l'ignore, il est inutile de le savoir. Maintenant, la saine et sereine enfant parfume et enchante la couche du hideux David ! Nul dégoût visible, tous les consentements qui sourient. Et voici déjà qu'en échange de son lit réchauffé et de son vieux sang qui se rallume, le général Glinckosch a acheté trois maisons à Abisag, lui a donné des diamants par tas, et des sommes d'argent, et de sommes encore. Mais, cela, c'était peu de chose. Elle lui a fait faire un testament qui l'institue légataire universelle. Dès qu'il sera mort, elle possèdera quarante millions de florins! Or il mourra bientôt, dans quelques jours, demain peut-être. Non pas qu'elle ait jamais conçu quelque brutal et puéril projet... elle n'est pas si folle! Il est d'autres moyens. Vierge encore, — puisqu'il est si vieux! — elle a acquis, prenant conseil, lisant des livres, les plus effroyables sciences du péché et de la damnation. Jeune fille, elle est l'impitoyable courtisane, la patiente dévoratrice. Ah! que de nausées et de révoltes! et d'envies d'étrangler entre ses mains vengées cette gorge qui râle de plaisir! Mais non, non, point de hâte; il ne faut pas compromettre le succès certain. Encore deux ou trois sourires, encore quelques caresses, encore un seul baiser, et elle sera délivrée, et alors elle se donnera à celui qu'elle aime, triomphalement riche, et pure! »

— Assez! assez! m'écriai-je. Si une telle femme existait, cela donnerait envie d'éteindre toutes les étoiles et de fouler aux pieds toutes les roses. Mais, par bonheur, tu mens. Eh! oui, tu mens, ou, s'il te plaît mieux, tu imagines. Car Abisag, qui seule aurait pu t'apprendre cette affreuse histoire, se garderait bien de la révéler.

— Ce n'est pas d'elle que je la tiens, répondit Valentin, négligemment.

— De qui donc, alors?

— Elle m'a été racontée, un soir qu'il s'était grisé, par M. de Viorne.

— M. de Viorne ?

— Oui, un jeune gentilhomme sans fortune, qui doit épouser Abisag dès que le général sera mort.

LE DIRECTEUR DE THÉATRE

Au commencement des choses, — du temps où les bêtes ne parlaient pas encore, — il y avait un accord profond entre le Génie et la Foule. Alors, c'était pour tout le peuple ingénu et magnanime que le poète prodiguait les enchantements rêveurs des comédies d'amour, ou laissait dans le drame haleter ses douleurs sacrées, ruisseler le sang de ses divines blessures ; et le peuple, attendri ou sanglotant, se groupait dans les théâtres, avec le tremblement religieux des fidèles agenouillés dans un temple, et glorifiait passionnément le poète.

Mais il est à remarquer que si cette entente avait persisté, jamais les *Premières armes de Richelieu* n'auraient été jouées sur la scène du Gymnase, ni jamais les *Mille et une Nuits* sur la scène du Châtelet !

Or, précisément, il entrait dans les desseins de la Providence diabolique qui préside aux destinées humaines, que les *Mille et une Nuits* et les *Premières armes de Richelieu* fussent représentées sans trêve, sous tous les titres imaginables, dans tous les théâtres connus.

Il fallait donc désunir le Poète et la Foule ! il fallait que ces deux sœurs, l'âme sublime d'un seul et l'âme naïve de tous, devinssent, sans espoir de réconciliation, deux forcenées ennemies, toujours s'outrageant ou se bafouant l'une l'autre.

Et c'est pourquoi le Diable, — nommé aussi le Malin parce qu'il créa le Vaudeville, — a formé à son image ce monstre abominable : le Directeur de théâtre.

Dès qu'il fut installé dans son fauteuil directorial, de cuir ou de velours vert, — fût-il en vieille tapisserie, ou de satin d'or à fleurs roses, il semblerait toujours vert, ce fauteuil, puisqu'il est directorial ! — le Directeur de théâtre parla en ces termes à l'huissier, non moins cruel que lui-même, qui veille haineusement dans l'antichambre ou dans le corridor :

— Tu n'ignores pas que les fous appelés poètes révèlent presque toujours par quelque signe extérieur la dangereuse démence qui les possède. La plupart sont jeunes, et quelques-uns sont beaux ; en ce temps où la calvitie triomphe, — nudité du crâne qui correspond harmonieusement à la vacuité du cerveau, — ils affectent d'avoir des cheveux! et leurs yeux, parfois, ont des flammes ardentes et douces, indice d'une âme qui réclame les soins du docteur Blanche. Tu me feras le plaisir de flanquer à la porte, sans exception, tous les visiteurs qui, jeunes et beaux, se permettraient d'avoir la tête moins lisse qu'une bille de billard bien frottée, et le regard moins éteint qu'un vieux sou ramassé dans la boue du ruisseau. Et même, si ces importuns insistaient, je t'autorise à leur dire avec un ricanement que je suis parti pour les Indes ou pour l'Afrique équatoriale, dans le but d'engager un éléphant rose ou un unicorne savant, qui jouera le principal rôle dans une féerie des frères Cognard arrangée par M. d'Ennery.

Mais, cette précaution prise, rien n'était fait encore. Les poètes auraient pu s'acharner, et le public, avide de beauté, aurait pu exiger l'œuvre des poètes. Ce qui eût été désastreux! L'indispensable était donc de l'avilir, de le corrompre, de l'abêtir, ce public.

« Tu te figures que tu aimes les nobles vers, qu'il te plaît d'être ému ou ravi par les amours et les infortunes des imaginaires héros? Allons donc! tu ne te connais pas toi-même, grand enfant que tu es! Ce qui te charme, c'est la splendeur des décors, la soie et l'or des costumes, et le troupeau des filles nues, et l'aboiement des meutes dans des forêts de carton ! Des femmes et des chiens, que peux-tu désirer de plus, si ce n'est quelques éléphants et huit ou dix lions ? Saoule-toi de tous les vils et magnifiques spectacles. Tiens, des bras, des épaules, des gorges et des cuisses ! Si tu veux, j'ôterai les maillots. Sous le flamboiement rose ou bleu de la lumière électrique, parmi les envolées affolantes des jupes et les odeurs du fard qui sue, — pendant que les meutes déchireront les viandes, — tu dévoreras de l'œil, toi, la chair ! Et rien à donner à la petite bonne en sortant. »

Mais le public, — en qui une âme, malgré tout, survit, — ne se fût peut-être pas laissé faire, aurait résisté à la tentation ; le Directeur de théâtre jugea prudent d'user d'un peu de calomnie.

« Tu ne vois donc pas, ô foule niaise, que les poètes se moquent de toi ? Ils sont impertinents et hautains. Les sujets qu'ils choisissent, héroïques ou légendaires, bafouent ta vie quotidienne, et la langue qu'ils parlent, non, qu'ils chantent, méprise ton parler familier. Ils se haussent pour te faire voir ta petitesse, et se plaisent à t'imposer l'humiliation de ne pas les comprendre. Ne le sais-tu pas, d'ailleurs ? ceux qu'ils appellent les bourgeois, les philistins, c'est toi-même, public ! Tu es le *vulgum pecus*, stupide et haïssable. Et, bénévolement, tu te livrerais à qui se refuse, tu adorerais qui t'outrage ? »

D'autre part, le Directeur de théâtre disait aux poètes :

« Eh ! bon Dieu, quelle folie vous tient, de jeter vos perles à des porcs ? Certes, j'adore la poésie et les grandes œuvres, moi ! le rythme des vers me berce délicieusement ; je deviens éperdu rien qu'à entendre se baiser deux belles rimes. Ce serait ma joie, — car je suis un lettré, enfin ! — de jouer de nobles drames et de tendres comédies. Mais le public, ah ! mes enfants, le public, quelle brute ! Est-ce que vous croyez qu'il entend quelque chose à vos délicatesses, à vos raffinements ? Chimère ! Pour ravir cet imbécile, il faut être un imbécile comme lui. Quiconque n'est pas vulgaire irrite le vulgaire. Un bon conseil : faites des poèmes que vous vous lirez, parfois, les uns aux autres, ou que vous réciterez à vos maîtresses extasiées ; et laissez l'inepte et abjecte multitude, loin de vous, bien loin, se réjouir dans la fange des divertissements qu'elle préfère. »

Si souvent, si longtemps le Directeur de théâtre a parlé ainsi, qu'on a fini par l'écouter, par le croire ! et, maintenant, un abîme s'est ouvert, vertigineux, infranchissable, entre la foule, internée dans la pièce à maillots, et le poète, solitairement exilé dans l'Ode.

Mais quel avantage le Directeur de théâtre trouve-t-il donc à être ce qu'il est ? Il n'ignore pas que les décors et les costumes et les éléphants et les meutes dévorent des sommes énormes, et qu'il y a, comme dans le plancher de la scène, des trappes dans sa caisse, par où disparaissent inévitablement, — sans feux de Bengale, hélas! — les sacs d'or et les liasses de billets. Se laisse-t-il décevoir par quelque réussite momentanée? C'est improbable. Tant d'exemples, anciens ou récents, sont là pour l'avertir que nul succès de cette espèce, même éclatant, ne dure, et que toutes les féeries, enfin, s'achèvent par cette médiocre et morne apothéose : la faillite. Non, ce qui l'éblouit et l'emporte, ce n'est pas l'espoir chimérique de l'enrichissement; mais c'est l'ivresse de commander à des hommes et à des femmes avec la toute-puissance d'une tyrannie plus parfaitement despotique que celle des plus impérieux Césars et des plus impassibles sultans. Car aucun maître, en effet, n'est aussi maître que lui ; et, certes, Héliogabale, grand-prêtre du soleil, prince des Romains, et Dieu, ne serait, au prix du Directeur de théâtre, qu'un roi constitutionnel.

Ce qu'il peut ? Tout. C'est à sa parole, moins qu'à sa parole, à son geste, moins qu'à son geste, au plus léger froncement de ses sourcils, qu'elle obéit, frémissante comme un peuple de roseaux tout secoué d'un vent, la tumultueuse armée des figurants et des figurantes et des musiciens de l'orchestre et des machinistes et des costumiers et des costumières et des contrôleurs et des ouvreuses ! Les artistes aussi, oui, les plus célèbres, ceux-là même qui font recette, lui sont aussi soumis, — malgré de passagères révoltes, — que les coursiers d'Hippolyte l'étaient à ce jeune héros. Il est le dompteur par excellence, le dominateur sans conteste. Cependant, tous ceux qu'il opprime pourraient l'opprimer à leur tour, puisqu'il ne peut rien sans eux, puisqu'il dépend d'eux en effet. Non, ils s'inclinent, s'humilient, veulent bien, s'agenouilleraient. Pourquoi? sans motif appréciable, ou plutôt par cette raison unique qu'il est le Directeur! Qu'il abuse de cette puissance, je ne le dirai pas; mais, qu'il la possède, je l'affirme.

Et cette tyrannie ne s'exerce pas seulement dans les théâtres considérables où la continuité du succès peut donner quelque importance ou quelque lustre à ceux qui les dirigent. J'ai vu ceci dans un « boui-boui » des boulevards lointains : depuis trois mois les acteurs et les actrices n'avaient pas été payés ; irrités enfin, — car la faim exaspère! — ils étaient là, dans le couloir, tous, le père noble et l'ingénue, le traître et la grande coquette, le comique jeune et le comique grime, et les autres, et, avec eux, les employés et les violons et les clarinettes ; tous, la colère aux yeux, la rage aux dents, abondant en tumultueuses injures contre l'homme qui les avait trompés, parlaient de leurs meubles vendus, de clés refusées par les propriétaires de garnis, d'enfants qui n'avaient pas de pain depuis la veille, — jurant d'être, cette fois, sans pitié pour leur débiteur, de lui dire son fait, carrément, et de lui sauter aux yeux, s'il n'ouvrait pas sa caisse! « Moi, je l'étrangle! » conclut un grand premier rôle qui avait joué Porthos en province; mais, dès qu'ils eurent été introduits, pêle-mêle, dans le cabinet du Directeur, qui était assis, imperturbable, dans son fauteuil directorial, il se fit un grand silence ; cette troupe de bêtes hurlantes fut tout à coup une troupe d'agneaux, qui ne bêle même pas; pas une réclamation, pas une plainte; sans leur donner un liard, sans leur faire une promesse, le maître les congédia, humbles, soumis, satisfaits, protestant de leur zèle, avec des saluts qui reculent obséquieusement vers la porte; et même le grand premier rôle se sentit très honoré, prit un air très fier, parce que le Directeur de théâtre voulut bien, en lui frappant sur l'épaule, gentiment, sans façon, lui emprunter une pièce de quarante sous!

Mais ceci finira. Un jour, — qui n'est pas lointain peut-être, — une émeute victorieuse de poètes et d'artistes secouera le vieux joug, et se précipitera en chantant quelque violente *Marseillaise*, à l'assaut des théâtres, ces Bastilles des manuscrits. Nous emporterons, non pas les directeurs eux-mêmes, — la clémence sied aux vainqueurs! — mais les fauteuils directoriaux en cuir ou en velours vert. Ils seront amoncelés, ces sièges augustes, plus redoutables que des trônes, sur un bûcher bien flambant, dans quelque place publique en fête;

et, tandis que la carmagnole dansera autour des belles flammes, on verra se reconnaître, à la lueur de l'incendie, et se réconcilier, heureux, et s'embrasser enfin les Poètes et les Foules !

CAROLINE FONTÈJE

En pleine jeunesse, en pleine gloire, à l'heure même où sa beauté conquérait tous les cœurs et son génie toutes les âmes, Caroline Fontèje — puisqu'il faut l'appeler d'un autre nom que le sien, — est devenue la maîtresse du gymnaste Sternozzi. Oui, cette admirable femme, cette grande poétesse, adorée et célébrée, doublement triomphante, s'est donnée à ce saltimbanque qui, par-dessus le brouhaha des acclamations effrayées, s'élance éperdument d'un trapèze à l'autre en allumant au gaz du lustre les paillettes vives de son maillot couleur chair. Et elle n'a pas caché la bassesse de son choix. Elle descend avec Sternozzi, chaque soir, de la loge où il a revêtu son costume de soie et d'argent, se promène avec lui dans les écuries en attendant le moment des exercices, lui parle bas, tout près de l'oreille, dans quelque boxe; puis, après la représentation, elle l'entraîne, ravie et fière, avec un emportement jaloux! Que tous sachent son ignominie, cela lui plaît, elle le veut; si elle le pouvait, elle ferait imprimer l'histoire de son amour en lyriques et cyniques strophes sur les grandes affiches vertes, à côté du nom de son amant.

Dès que cette abjecte aventure fut connue, je courus chez Caroline Fontèje, un matin; je m'approchai d'elle sans dire une parole, et la regardai longtemps, triste, l'interrogeant des yeux.

— Eh! oui, c'est vrai, s'écria-t-elle en montrant dans un rire rouge ses belles dents de louve heureuse; c'est vrai, j'aime Sternozzi! Vous me croyez folle, ou vous me jugez infâme? J'aurais dû m'offrir, non pas à un pître, mais à quelqu'un de mon monde, gentilhomme ou artiste? A vous, par exemple? Eh bien non, ni infâme, ni folle. Logique, voilà tout. Et si j'ai déchu, comme vous le croyez, ce n'est pas de ma faute.

— Qui donc est coupable? demandai-je, plein d'un douloureux étonnement.

Elle répondit:

— Vous-même, et votre tailleur. Quelle opinion avez-vous donc, vous autres hommes, de nous autres femmes ? Croyez-vous que la différence de sexe implique fatalement une différence de nature et que, pour ne pas avoir la virilité, on soit hors de l'humanité ? Profonde erreur, mon cher confrère. *Homo sum!* disait la grande impératrice. Et elle avait raison. Au théâtre, les belles créatures demi-nues des féeries et des ballets, parmi les mousselines et les soies, dans les clartés chaudes qui les baisent et les illuminent, vous offrent avec des gestes de filles leur beauté de houris, éveillant ainsi la vision d'on ne sait quel harem paradisiaque et canaille ; dans les salons, les épaules blanches des duchesses et des ambassadrices passent, éblouissantes, dans le frou-frou tournoyant des valses ; au coin des rues, les petites ouvrières, dont le corsage d'orléans colle bien, lèvent un peu leur robe pour sauter le ruisseau, et montrent, entre le jupon de cachemire rouge et les bottines noires, un rapide éclair de bas blanc : vos yeux s'allument ! et du charme, vu ou entrevu, de la femme, naît en vous le désir qui peut devenir l'amour ! A toute heure, en tout lieu, et par toutes, les occasions de s'éprendre vous sont présentées, brutales ou exquises. Les coquetteries câlines, les déshabillés adroits toujours vous sollicitent ; et vous êtes les Pâris de toutes les déesses. Mais à nous, femmes — *homo sum*, cependant ! — quelles tentations sont offertes? Par quels délicats artifices ou par quelles violentes audaces pouvons-nous être attirées? Quel attrait, comme un piège adorable et terrible, nous est tendu? Ah! quand les jeunes hommes aux longues chevelures, sveltes et blancs, et portant, les bras nus, la courte chlamyde de pourpre, revenaient, forts et fiers, du gymnase ou du stade; quand les jeunes chevaliers de Rome, imberbes, le cou très découvert, passaient en char dans la Voie Sacrée; quand, après la cuirasse tombée, les chercheurs d'aventures, épris d'Oriane ou de Clorinde, revêtaient la tunique longue qui s'ouvre sur la poitrine; et plus tard, quand les mignons, jolis comme des femmes, des perles à l'oreille et des diamants aux doigts, agrafaient leurs colliers d'or autour des fraises godronnées; quand la tête hautaine des gentilhommes mousquetaires se dressait, du défi dans l'œil, sous l'empanachement des feutres; quand les velours et les soies enveloppaient de couleurs chatoyantes l'impertinence gracile des Clitandres et des Valères; et même, quand les jeunes Conventionnels farouches, dans l'habit qui prend bien la taille, considéraient l'échafaud avec un regard dont une femme eût été jalouse, et quand, ridicules et adorables, les Incroyables, aux culottes de soie zinzolin, sautillaient en cambrant leurs cuisses, alors, certes, nous aussi, comme vous à cette heure, nous pouvions être troublées par la force ou par la grâce, et, d'abord charmées, aimer bientôt ! Mais regardez-vous donc, malheureux ! Mais vos redingotes sont absurdes, et vos gilets sont ineptes, et vos pantalons sont grotesques ! Mais vos manches descendent jusqu'aux phalanges de vos doigts ! Mais votre col monte jusqu'à vos oreilles comme un carcan étrangleur qui ne veut pas qu'on voie le mal qu'il fait au cou ! Mais votre bouche, — le baiser ! — disparaît dans l'embroussaillement pommadé des moustaches, et tout ce que vous avez de front s'annule sous la marge du chapeau qui plaît aux croque-morts. Pas une forme, pas une couleur ! Nous en sommes arrivées à croire que les statuaires sont des menteurs, et des imposteurs les peintres ; car, sous la grisaille pendante des longs pardessus, lequel de vous est un corps ? Et ceci en est au point que, honteuses, tremblantes, écœurées, celles qui voudraient en se livrant qu'on leur donnât en vérité l'équivalent de ce qu'elles donnent, s'en vont applaudir dans les baraques foraines les volumineux Arpins qui se campent, ou, dans les cirques, les clowns élégants et fins, aux formes harmonieuses !

Je répondis, piqué :

— Voilà, madame, une étrange morale ; il existe, j'imagine, d'autres amours que celles dont le dénoûment est possible dans une voiture de saltimbanque, derrière la baraque, à la foire de Neuilly ou à la fête de Saint-Cloud.

Elle s'écria, en renversant sur le dossier du fauteuil sa belle tête de faunesse parisienne :

— Montrez-moi un héros! Faites-moi voir un poète! pour que je m'agenouille aux pieds glorieux de celui qui a vaincu ou de celui qui a chanté. Nous sommes des femmes, mais nous sommes des âmes. Où sont les glorieuses blessures? je les panserai. Où sont les grands cœurs attristés qui versent à la foule leurs douleurs et leurs espoirs en poèmes prophétiques? je les consolerai. Donnez-moi Dunois; je serai page d'armes — et le costume m'ira bien; donnez-moi Hoche, je serai cantinière; et si vous m'offrez Pétrarque, je serai Laure, — et je n'aurai d'enfants que de lui! Car c'est en nous, femmes, bien plus qu'en vous, hommes, que survit la passion sublime de l'idéal : nous ne voyons plus ni l'âge ni la laideur quand il y a la grandeur et la gloire. Qu'importe le front? La pensée nous suffit. Ah! nous sommes très admirables en effet, puisque nous pourrions, avec l'abandonnement amoureux de Juliette sous les caresses de Roméo, mettre nos bras au cou de Thersite, s'il était Achille, et baiser les lèvres d'Ésope, s'il était Homère. Mais où sont vos héros, et où sont-ils, vos poètes? J'ai besoin d'un triomphateur? Me voici, dit un général. Je demande Shakspeare ? Présent, dit un reporter. Personne n'est grand, et mon âme est grande. Si j'enlaçais un diplomate ou un soldat, je n'étreindrais qu'un habit noir ou un uniforme, et les poètes aux lyres brisées me disent avec un rire de gommeux: « Avez-vous vu le dernier ballet des Folies-Bergère? »

Eh bien, puisqu'il n'y a ni vainqueurs ni chanteurs, je m'en tiens aux sauteurs. Stupides, soit, mais beaux et fiers, et tout éblouissants, et, comme les bondissantes panthères, ayant la vigueur et la grâce! En moi, ainsi qu'en vous, il y a la bête et l'esprit: l'esprit ne peut pas s'envoler, laissez brouter la bête.

— Et vous concluez? demandai-je, de plus en plus froissé.

— Ceci, dit-elle. Vous voulez être aimés? soyez grands, ou, à défaut de grandeur, ayez le charme. *Homo sum! Homo sum!* Mais, si vous continuez, étant médiocres, à être vilains; si vous portez des chapeaux où manque une cocarde de valet de pied, des habits où le corps s'étrique et se dérobe, des cols qui vous montent jusqu'aux joues; si, enfin, ne pouvant être des héros, vous n'êtes pas même des hommes, prenez garde! Les ténors en pourpoint de velours dont le cou fardé se dresse, et les jeunes premiers rôles en bottes molles, et les histrions en maillot, qui, debout sur la corde roide, ou assis sur le bâton des trapèzes, donnent aux cirques je ne sais quel air de vivants musées, vous voleront triomphalement vos maîtresses et vos femmes! Et si, un soir, en sortant de l'Opéra-Comique où aura eu lieu la première entrevue, vous donnez le bras à votre fiancée, le long des maisons, derrière vos futurs beaux-parents, il pourra se faire que l'ingénue demoiselle, pendant que vous balbutierez la tendresse des jeunes aveux, vous écoute à peine, rêveuse, en regardant dans leurs caves les gindres demi-nus qui pétrissent la farine avec des bras vigoureux.

L'ÉDUCATRICE

— Des conseils ? Vous voulez des conseils ? A merveille. Je ne demande pas mieux que de vous en donner, et il est tout simple que vous m'en demandiez. Vous avez une grande fortune, vous portez un beau nom, — Hélène de Courtisols ! mes compliments, comtesse ! — et vous êtes la plus jolie des jolies, grassouillette et mignonne comme vous voilà, avec vos petits yeux roux de chatte allumée, votre nez de gamine qui se retrousse et se moque, vos dents vives qui écartent, en se donnant l'air de vouloir mordre, de grasses lèvres de sang qui veulent être mordues, — même, ces dents-là, désireuses et prometteuses, m'inquiètent un peu pour vous, — et votre teint dont la blancheur transparente et légère se rose aux pommettes comme de la mousse de champagne où l'on aurait laissé tomber deux œillets rouges. Mais quoi ! dix-neuf ans à peine et mariée depuis un an seulement. Il y a de la pensionnaire encore dans la jeune femme que vous êtes. Il se mêle à l'exquise odeur qui sort de vos manches, oh ! non pas ce parfum de pudeur rance des virginités irrémédiables, — car vous êtes épanouie ! — mais une réminiscence de l'encens et des fleurs dans la chapelle du couvent. Déjà déniaisée, toujours ingénue. Il est donc bien naturel que vous veniez me consulter, moi qui passe pour ne rien ignorer de ce qu'il est défendu à une femme de connaître, et qui aurais quarante ans si je ne savais pas en avoir trente !

Mme de Ruremonde s'assit tout près de la petite comtesse, qui dénouait et renouait pour se donner une contenance, — en rougissant un peu, — les brides roses et noires de son chapeau ; et elle reprit très vite :

— Ainsi, vous êtes décidée ? décidée, tout à fait ? Parce que vous vous ennuyez dans la compagnie de votre mari, au fond de vos forêts, en Bretagne, là-bas, vous voulez rester parmi nous, avoir un salon, être admirée, être célèbre, devenir, en un mot, une de ces parfaites et illustres mondaines, qui, ravissantes et ravies, vivent dans la réelle chimère de tous les luxes et de tous les triomphes, et qui, impitoyablement, étonnent, domptent, bouleversent, affolent Paris extasié ?

— Oui, répondit Mme de Courtisols, d'un petit ton résolu.

— C'est un très noble désir ! Écoutez-moi donc, innocente, et profitez des leçons d'une vieille criminelle. Il va sans dire que je ne soufflerai pas mot du monde que vous devrez voir ni des toilettes que vous devrez porter. La femme qui, le jour même où elle entre dans la vie parisienne, n'a pas un tact suffisant pour deviner et trouver les deux cents personnes auxquelles il est possible d'ouvrir sa porte, et pour savoir, sans l'avoir jamais appris, quelle robe, quel chapeau, quelles bottines, quels gants, conviennent précisément, non pas à toutes, mais à elle seule, selon le lieu, l'heure, la circonstance, — messe, visite, promenade au Bois, dîner, bal ou première représentation, — cette femme, fût-elle plus magnifiquement intelligente que Caroline Fontèje ou plus fantasquement spirituelle que Mme de Soïnoff, — n'est et ne sera à tout jamais qu'une bourgeoise de petite ville, dont il ne faut pas s'occuper un seul instant ! Quant au quartier où il est bon de loger, à l'hôtel qu'il sied d'avoir, aux chevaux qu'il importe de changer tous les trois mois, ce sont là des détails sur lesquels les renseignements abondent ; je ne perdrai pas le temps à ces banales minuties. Non, je vais droit au cœur de la question, à la chose principale, indispensable, unique pour mieux dire, d'où tout le reste dépend. Écoutez bien, et répondez avec une entière franchise. Si un homme, artiste ou grand seigneur, jeune, beau, déjà illustre, et vous adorant ! se jetait à vos pieds après tout un an de respectueuse tendresse et de muette passion, et vous prenait éperdument les mains en levant vers vous des regards qui supplient, — allons, répondez, mignonne, — qu'éprouveriez-vous, dites ?

Mme de Courtiscls demeura interdite, un peu, et se mit à dénouer et à renouer les brides de son chapeau, en détournant son visage plus rose.

— Eh bien ?

— Mais... vraiment... je ne sais...

— Ah ! j'exige une sincérité parfaite.

— Vous êtes terrible ! Mon Dieu, si un jeune homme... très beau... m'aimant beaucoup... depuis longtemps... me serrait les mains... me regardait... je crois... il me semble que je serais un peu... troublée... peut-être...

— Voilà ce que je craignais ! vos belles lèvres, trop grasses et trop rouges, ne m'inquiétaient pas sans raison.

La néophyte, étonnée, demanda :

— Comment ? Il est donc indispensable, pour devenir une femme à la mode, d'être tout à fait insensible et cruelle ? S'il faut tout vous dire, je m'imaginais, au contraire...

— Vous vous trompiez, répondit sévèrement Mme de Ruremonde. Oh ! je sais ce que vous allez me dire ! Tout le monde chuchote que Mme de Portalègre, le soir même des débuts du petit Emmelin, à l'Odéon, a emporté dans sa voiture le délicat chanteur florentin, pas même défardé, en l'enveloppant dans ses fourrures. De M*me* de Soïnoff on raconte une histoire plus étrange, et sinistre: qu'elle a aimé, autrefois, d'un caprice cynique et joli, un clown du Cirque d'été, Aladin, qui venait d'être condamné à mort pour avoir mal lancé le trapèze à son camarade Icarion; et que, très puissante, étant de celles qui pénètrent partout, même dans les prisons, elle est restée, en toilette de bal, dans la cellule du saltimbanque assassin, jusqu'à l'heure où le directeur de la Roquette est entré en disant : « Aladin, l'empereur a rejeté votre demande en grâce. » D'autres assurent qu'elle a fait venir le condamné chez elle, et qu'elle l'a réveillé elle-même le matin de l'échafaud. Pour ce qui est de moi, je suis l'héroïne des plus extravagants romans. N'ai-je pas enlevé un ténor à une petite cabotine des Bouffes ? Ne m'a-t-on pas vue avec lui, à Venise, sur les lagunes écoutant ses barcarolles ? Et si les bavardages ne vont pas toujours jusqu'à affirmer des énormités semblables, il n'est pas du moins de femme de notre monde à qui l'on n'attribue deux ou trois amants. Qui est entrée, hier soir, au Café Anglais, un peu avant minuit, le voile baissé, et qui en est sortie, au petit jour, les cheveux dans les yeux, tandis que les balais boueux grincent sur l'asphalte des trottoirs ? C'est moi, ou quelqu'une de mes pareilles. On m'a vue, derrière l'écran de soie verte, dans toutes les baignoires de tous les petits théâtres ; et — lisez les Échos des journaux mondains ! — si le comte de X... et le marquis de Z... se sont battus, hier matin, au Vésinet, c'est pour une fleur de mon bouquet que j'ai donnée à l'un et refusée à l'autre, bien qu'ils eussent tous deux des droits égaux à l'obtenir ! Eh bien, rien de tout cela n'est vrai, ou, du moins, absolument vrai. Que l'on nous accuse, nous, mondaines, cela ne nous déplaît pas, et volontiers nous l'exigerions. Les bruits méchants font partie du brouhaha de notre gloire ; nous ne serions pas assez étonnantes, si nous n'étions pas un peu effrayantes. Nous approuvons l'excès des calomnies, grâce auquel nous sommes extraordinaires ! Nous nous efforçons même, par l'impertinence de nos paroles, par la liberté de nos gestes, par l'effronterie de nos déshabillés au bal ou à l'Opéra, de fournir des prétextes aux mensonges, de leur donner des probabilités ; mais, — entends bien ceci, mignonne ! — toutes les impudences, et pas une imprudence. Faire naître tous les soupçons, oui, mais n'en justifier, en réalité, aucun. Provoquer la calomnie, — car elle est utile, — mais la défier de se prouver. Une audace, presque extrême, mais « presque » seulement, et qui s'arrête court. S'offrir toujours, sans jamais se donner. Et l'amour, surtout, nous est interdit. Pour aimer, il faut le temps. Est-ce que nous avons le temps, nous ? Est-ce qu'il n'y a pas les nécessités des visites, des longues stations chez le couturier, des dîners, des soirées? Elles sont très longues, les scènes où Roméo et Juliette s'adorent! « Je vous aime! — Pardon, monsieur, il y a un bal blanc chez Mme de Lurcy-Sévi. » Et puis, cela enlaidit, l'amour. Qui donc aime sans pleurer? je ne veux pas avoir les yeux rouges. Les soucis jaloux mettent dans le sourire des raideurs cassées. Je maigrirais peut-être le jour où mon amant m'aimerait moins. En outre, remarque ceci, petite : si nous nous livrions, nous serions moins désirées. Les portes trop hermétiquement fermées découragent les visiteurs, mais les portes grandes ouvertes ne les tentent guère; il y a un milieu : l'entre-bâillement. Donc, ne jamais aimer, jamais! Est-ce qu'ils ont aimé, les poètes, — j'entends les hommes vraiment dignes de ce nom? Dante n'a pas eu de maîtresse; Béatrix avait douze ans quand il l'a vue. Ne me parlez pas de Pétrarque! c'était un savant, qui faisait de médiocres sonnets, et Laure était une pimbêche. Shakspeare ne fut jamais amoureux, à moins qu'il ne l'ait été du « Lord de son amour »; il vaut mieux croire que non. Et pourquoi les poètes vraiment sublimes n'ont-ils pas consenti aux humaines tendresses? parce qu'ils craignaient le trouble des passions; parce qu'ils voulaient se consacrer tout entiers à la poursuite de leur idéal, à l'accomplissement de leur œuvre. Eh bien, nous aussi, nous, femmes, nous, mondaines, nous poursuivons un idéal, nous accomplissons une œuvre. Une œuvre telle, qu'aucun poème ne la surpasse : il nous plaît d'être infiniment belles, adorables, sereines ! Et c'est pourquoi nous n'aimons pas, pourquoi nous ne devons pas aimer.

— Oh ! fit la petite comtesse fort inquiétée par cette sévère théorie ; voilà qui est dur en vérité ! On ne peut pas refaire le cœur que l'on a, et, quelquefois, malgré soi-même, parmi tant de séductions et d'occasions tendres...

Mme de Ruremonde reprit :

— Mme de Portalègre, elle aussi, — bien qu'elle soit une des plus parfaites d'entre nous, — avait jadis de ces révoltes, et je soupçonne qu'elle les a encore. Mais elle triomphe d'elle-même par une ruse adroite. Quand elle est sur le point d'aimer, — les plus grands cœurs ont de ces faiblesses, — elle part, elle s'expatrie. Elle passe un mois entier, tantôt dans le beau pays basque où les jeunes hommes ont l'air de jeunes dieux, tantôt sur les côtes de Bretagne où les Parisiennes étonnent et allument les robustes gars, tantôt dans quelque île du Nord où des pêcheurs ingénus et forts soulèvent d'une seule main des nasses plombées qu'un géant ne porterait pas, sans plier, sur l'épaule. Désormais il y aura, à Irun, à Penmarch, ou à Tromsoë, un jeune homme qui se souviendra longtemps, ébloui, d'une adorable et emportée créature amoureuse ! Mais Mme de Portalègre, elle, revenue à

Paris, n'y conserve aucun souvenir qui trouble et, délicieusement élégante et frivole, elle triomphe, — calomniée sans doute, mais n'importe ! — dans l'accomplissement de sa destinée, dans sa froide gloire de parfaite mondaine.

A vrai dire, je ne sais quel effet produisit cette étrange conférence. Mᵐᵉ de Courtisols a-t-elle été découragée par les obligations austères qui lui étaient imposées ? Ce qui est certain, c'est que la petite comtesse n'ouvrira son salon que dans un mois, ou deux, au retour d'un voyage qu'elle est allée faire, pour raison de santé, dans le pays basque, ou en Bretagne, ou en Norwège, on ne sait pas au juste.

MADAME DE VALENSOLE

M. de Valensole entra furieusement dans le boudoir de sa femme, jeta sur la table une lettre ouverte, froissée, et dit, grinçant des dents :

— Vous me trompez, madame !

Elle regarda son mari, puis la lettre. Elle continua d'arracher une à une, d'un geste léger, les quelques feuilles flétries d'un gardenia en fleur. Elle répondit tranquillement :

— Oui, monsieur, c'est parfaitement exact, je vous trompe.

— Vous avouez, cria le mari, que vous êtes la maîtresse du comte de Vaugueray ?

— Pourquoi le nierais-je ? vous le savez. Vous ne savez pas tout, ajouta-t-elle, en cueillant une fleur qu'elle mit à la troisième boutonnière de son corsage.

— Qu'ai-je donc à apprendre encore, misérable ?
— Beaucoup de choses, je vous assure. Je suis à M. de Vaugueray, c'est incontestable. Voilà pour le présent. Mais j'ai eu de la tendresse aussi pour M. de Penalva, un Espagnol : vous avez peut-être lu dans quelque journal, le mois dernier, tandis que vous étiez en Hollande, une assez piquante anecdote, à propos d'une cabine de bains à Trouville, qui, brusquement ouverte sous un coup de vent, permit à tout le monde d'apercevoir « une de nos plus belles mondaines » et un « jeune homme étranger » obligés de se tenir tout près l'un de l'autre, tant la cabine était étroite? L'étranger, c'était M. de Penalva; la mondaine, c'était moi-même. Voilà pour le passé. Quant à l'avenir, il ne me paraît pas non plus qu'il doive être de votre goût. J'ai cessé d'aimer le comte de Vaugueray. Très provincial, quoique Parisien. Un sportsman presque palefrenier. Enfin, pas distingué du tout. Compromettant. Vous-même, vous feriez bien de renoncer à le voir! Mais il m'a présenté un de ses amis, M. Georges Strudelle, capitaine d'état-major, un homme du meilleur monde. Je vous le recommande. Oh! nous n'en sommes encore qu'aux sourires et aux serrements de mains légers d'une flirtation absolument irréprochable. Mais je sens qu'il fait des progrès. Il gagne du terrain. Il a déjà obtenu d'être reçu, même quand ce n'est pas

mon jour. Enfin, il est tout à fait dans l'ordre des choses possibles que je fasse pour lui, avant peu, quelque folie, à moins que je ne fasse une sottise pour ce ténor de Milan, tout pâle et brun, vous savez bien, qui nous a chanté la semaine dernière la sérénade du *Barbier*, chez Mme de Portalègre.

M. de Valensole avait saisi sur la cheminée un lourd candélabre de bronze japonais, et menaçant, l'œil rouge, il le tenait levé sur le front de sa femme, qui ne se baissait point.

— Est-ce que vous allez me tuer? dit-elle souriante. Oh! vous le pouvez. Mais prenez garde : cette brutalité vous privera de l'unique satisfaction que vous puissiez espérer dans l'état où vous êtes ; je veux dire celle de connaître la cause de votre malheur. Au surplus, cet assassinat serait une injustice. Ce n'est pas moi qui suis coupable, c'est vous. Si vous avez le mauvais goût de vouloir fournir un fait divers aux journaux, vous devriez, en bonne logique, vous brûler la cervelle au lieu de me casser la tête.

Il l'écoutait, stupide d'horreur. Elle s'assit dans un fauteuil bas, et penchant la tête en arrière, la nuque sur la soie du dossier, elle continua de parler négligemment.

— Vous étiez le meilleur et le plus charmant des maris! Jeune encore, élégant, sans maussaderie, soucieux de me plaire, et me plaisant. D'ailleurs, très mondain, très riche, et ne concevant même pas que l'on pût hésiter à payer de sa ruine un sourire de jeune femme, qui remercie, vous me donniez et partagiez avec moi tous les plaisirs et tous les luxes. Ah! vraiment, le mari modèle, que rêvent sur les oreillers pleins de confidences les petites pensionnaires des couvents où l'on commence à apprendre le quadrille croisé et la valse dès qu'on a fait sa première communion! Aussi, de tout mon cœur, je vous aimais. Un amour très sincère, presque profond. Et je me trouvais heureuse, n'enviant rien, sinon de l'être demain comme je l'étais aujourd'hui; et sachez-le, monsieur : jamais l'idée ne m'était seulement venue que je pourrais laisser, ne fût-ce qu'un instant, ma main dans la main d'un autre homme que vous; fière de mon bonheur et de la vertu que je lui devais, je tenais en mépris toutes les vaines et coupables femmes qui cèdent aux tentations mauvaises, — je n'avais pas même de tentations, moi! — et déshonorent le nom qu'elles portent.

« Mais le jour vint où vous deviez me faire l'irréparable injure.

« Nous sortions d'un petit théâtre du boulevard. Du vent, de la pluie. Sous la marquise, je me serrais contre vous, frileuse, et vous riant près des lèvres, — ayant hâte, vraiment, d'être rentrée, — pendant que le valet de chambre faisait avancer la voiture.

« Une bouquetière allait et venait, maigre, laide,

presque en haillons, mettant sous le nez des gens une touffe de grosses roses rouges.

« Elles n'étaient point fraîches, ces roses. Trop ouvertes, presque effeuillées, avec un air de vieux sourire. Pourtant, que vous dirai-je? sous le gaz jaune, dans le gris de la pluie et du vent, elles me parurent, alors, exquises, et, toute frissonnante d'automne, je m'extasiais comme une enfant de ce printemps à deux sous la fleur.

« Je vous dis, plus près de vous encore :

— Donnez-moi une rose, mon ami.

« Mais le valet de chambre revenait, et vous répondites, maussade pour la première fois :

— Non, non, à quoi bon ? Venez vite.

« Nous montâmes dans la voiture. La tête contre la vitre, je vis s'éloigner la bouquetière, offrant encore ses fleurs rouges aux passants. Vous avez eu bien tort, monsieur, de ne pas me donner cette rose.

« Car je la voulais !

« Oh! sans doute, jusqu'à ce jour, vous ne m'aviez rien refusé, comblant mes désirs les moins exprimés, et ceux aussi dont moi-même je ne me rendais point compte encore. Toutes les belles étoffes et les rares dentelles ; les meubles délicats qui peuvent bien servir à des Parisiennes puisqu'ils ont servi à des Japonaises ; les voitures légères qui ont des ailes aux roues, et les longs chevaux fins, plus légers, qui les emportent, je les avais ! J'avais un hôtel à

Paris et un château en Touraine. Vous aviez engagé deux années de vos revenus pour payer mes dettes chez Worth, et pour que j'eusse une rivière de diamants noirs, illuminant de flammes sombres la blancheur de mon cou! Mais j'aurais voulu une rose et vous me l'avez refusée.

« Vous avez lu un conte de Théodore de Banville, intitulé *le Fiacre*. Un conte ? non, un poème adorable et poignant, éternel et moderne, divin et réel, comme s'il était dû à la collaboration d'Orphée et de Balzac. Là, dans quelques pages, l'auteur affirme et prétend démontrer que « le meilleur moyen de perdre les femmes est de se montrer lâche, fût-ce même une minute. » Eh bien, Théodore de Banville s'est trompé, une fois! Car je vous le dis, — et je crois vous l'avoir prouvé suffisamment, — il existe un meilleur moyen de perdre à jamais l'admiration, c'est-à-dire l'amour d'une femme; c'est, après lui avoir tant donné, de lui refuser une seule chose ! lui eût-on donné tous les trônes de tous les empires, et lui refusât-on moins encore que l'une des fleurs flétries que vendent le soir sur le boulevard des bouquetières en haillons.

« Ceci est certain : les femmes sont les dominatrices éternellement inassouvies, à qui tout manque dès qu'il leur manque un rien. Décrochez pour moi les étoiles, soit; mais apportez-moi ce petit caillou du chemin, qui ne luit que d'un peu de pluie. J'exige les sacrifices énormes, c'est vrai, mais je ne puis me passer des toutes petites condescendances. Il me plaît d'être obéie, en tous lieux, à toute heure, et de toutes les façons. Si Cléopâtre, à souper, s'est querellée avec Antoine, c'est peut-être parce qu'après lui avoir donné des perles à boire, il ne lui offrit pas assez vite une frêle fraise rose qui était dans une corbeille de fruits, et dont elle avait justement envie.

« Après le refus de la rose, vous ne fûtes plus pour moi l'homme que j'avais si longtemps préféré. Je n'avais pas eu pour vous de la reconnaissance, certes ! — vous n'en auriez pas voulu, et je ne vous en devais point ; — mais je conçus une sourde et dure rancune, plus profonde que n'avait été mon amour. Quoi ! un instant, mon désir n'avait pas été votre unique règle ! Comment, pendant deux secondes, distrait, m'ayant mal entendue, ou craignant de mouiller vos pieds dans la boue, vous aviez eu une pensée non conforme à la mienne, vous aviez résisté à mon caprice ? Vous aviez fait pis encore ! ne comprenant point ce qu'il y avait de joli abandon et d'amoureuse câlinerie de ma part à vous demander précisément, à vous, le riche et le prodigue, mais à vous, l'amant, un objet de si peu de valeur. Vous m'eussiez dit, à propos d'une toilette de vingt mille francs ou d'un cheval ayant gagné le grand prix de Paris, ou de n'importe quelle autre chose qu'un millionnaire peut payer : « Vous ne les aurez pas ! » je vous aurais pardonné, probablement ; mais je ne pouvais vous pardonner de ne m'avoir pas offert ce que peut offrir, toujours, et quel qu'il soit, un amoureux ! Irrité, humilié, mon cœur cessa de vous appartenir ; et, un jour d'ennui ou de rage, — un jour où j'avais vu passer une bouquetière dans la rue, — je me donnai au premier venu parce que vous ne m'aviez pas donné une rose. »

Terrible d'avoir entendu cela, il allait lui mettre les deux mains au cou, lui serrer la gorge, l'étrangler. Elle lui dit, souriant toujours :

— Ah ! vengez-vous, puisque c'est votre grossier caprice ! Mais gardez-vous bien, si je meurs, et si, pris d'un remords tardif, la pensée vous vient d'apporter quelque offrande sur ma tombe, gardez-vous bien, monsieur, d'y placer un bouquet de roses, car je me lèverais de mon cercueil pour vous jeter les roses à la face !

MADAME DE RUREMONDE

De toutes les flirteuses qui, dans les salons de Paris, de Pétersbourg et de Londres, abandonnent longtemps leur main, avec un frémissement bien imité, entre les doigts de quelque bon jeune homme ébahi, ou, renversées dans un fauteuil, croisent les jambes sous la jupe étroite qui s'applique et se renfle, ou bien, penchées, au dessert, vers leur voisin de table, avec l'air d'écouter une confidence, lui placent sous les yeux, sous le nez, sous les lèvres, dans son assiette ! le double fruit vivant de leur gorge qui assoiffe et affame, — Mme de Ruremonde, certes, est la plus parfaitement exécrable ! Aucune n'a poussé plus loin qu'elle l'abominable vertu de toujours se refuser après s'être toujours offerte. On cite d'elle des traits d'audace presque incroyables, déconcertants. Pendant six semaines, elle a voyagé en Italie avec M. de Puyroche, beau, jeune, hardi, qui n'a ni froid aux yeux, ni froid au cœur, et de qui la poigne est solide ; ils descendaient dans les mêmes hôtels, et la porte, entre les deux chambres, d'ordinaire, fermait mal, — un soir, elle l'appela, ne pouvant elle-même, étant trop lasse, défaire ses cheveux ni dégrafer son corsage ; ils passaient souvent les nuits dans le petit salon des sleeping-cars, retenu pour eux seuls, elle, câline, s'asseyant tout près de son compagnon, lui mettant parfois la tête sur l'épaule, lui disant : « Aidez-moi », quand elle voulait monter, à demi déshabillée, sur le plus haut des deux petits lits, d'où, plus tard, dans la pénombre, elle laissait pendre son pied nu. Eh bien, de retour en France, M. de Puyroche a juré, — il faut croire un fat qui s'humilie ! — que Mme de Ruremonde, chemin faisant, avait peut-être été la maîtresse, à Venise, d'un gondolier, et, à Naples, d'un lazzarone; mais qu'elle ne s'était jamais donnée à lui, jamais ! pas même le soir où, à Procida, alanguie d'une longue promenade et ravie par la mer murmurante, elle se baigna devant lui, toute blanche, dans les lauriers, sous les étoiles !

I

Une fois cependant, — l'heure de la défaite sonne pour les plus fières, — elle fut prise de passion, à son tour, oui, prise, elle, conquise, cette conquérante. Il n'était ni très beau, ni célèbre ! Un jeune homme, voilà tout. Quelqu'un, même, qui n'était pas du « monde », qui avait été présenté, un soir de redoute, chez Mme de Soïnoff, était venu par hasard, ne reviendrait plus. N'importe ! elle l'aima, tout à coup, de tout son être ! Elle ne comprit pas d'abord, s'étonna, se crut folle, se demanda si elle n'avait pas bu trop de champagne, en causant, au buffet. Mais non, les lèvres à peine trempées dans la mousse qu'enviaient toutes les lèvres. Qu'était-ce donc qui se passait en elle ? Il ne lui avait pas parlé, il la regardait, seulement, avec des yeux où s'allumait la furie d'un inextinguible désir ; cela suffisait pour qu'elle fût délicieusement extasiée; et, quand ils valsèrent ensemble , — c'était elle qui, soudain, saisie de démence, était allée à lui, et lui avait dit : Venez, — quand ils s'enlacèrent dans le tourbillon berceur des musiques et des soies, lorsqu'elle se sentit pressée contre ce jeune cœur inconnu qui battait ardemment, et qu'une brûlante haleine lui caressa le cou et les frisons près de l'oreille, elle oublia qui elle était, où elle était, et, se penchant vers lui, mourante : « Votre nom ! votre adresse ! je vous jure que je serai chez vous, demain, à trois heures. » Puis, toute la nuit, après la fête, sous les dentelles qui tant de fois enveloppèrent de blancheurs mouvantes son sommeil d'impassible mondaine, elle se rappela cette adresse, ce nom, mordant les baisers futurs dans l'imbécile oreiller muet, acceptant, cherchant les illusoires étreintes des draps qui se dérobent. Car la plus froide coquette est mordue un jour par le victorieux Désir qu'en vain elle défie, et l'amour outragé, bafoué, prend, tôt ou tard, une brusque et terrible revanche.

II

Le lendemain, après les longues heures d'insomnie qui allument le sang et exaspèrent les nerfs, elle marchait, très voilée, le long des murs, allant chez lui. Elle n'avait pas songé à prendre une voiture ; l'air frais était bon à sa peau qui brûlait. Elle aurait voulu qu'il neigeât, qu'il gelât ; que des froideurs blanches lui tombassent sur le corps, sur le cœur. De la neige surtout ! qui l'aurait éteinte peut-être, l'aurait enveloppée comme d'une opaque et lourde pudeur. Car c'était terrible, vraiment, ce qu'elle faisait, ce qu'elle allait faire ! Elle qui avait repoussé, après les avoir attirés, les plus beaux et les plus illustres hommes mendiant à genoux le petit sou d'or d'un regard ou la monnaie rose d'un sourire, elle apportait, elle-même, presque sans avoir été sollicitée, toutes les richesses de son cœur et de son corps, à qui ? à un inconnu, dont le nom ressemblait à tous les noms qu'on lit sur les enseignes, et qui, logeant à Montmartre, — oh ! de l'autre côté du boulevard extérieur ! — devait être quelque rapin ayant fait un atelier de sa mansarde. Elle se méprisait, se mettait en colère contre elle-même, aurait voulu se battre. Mais elle continuait son chemin, furieuse, et charmée. La fatalité d'une inexorable envie marchait derrière elle, lui mettant aux épaules d'invisibles mains, qui la poussaient irrésistiblement. Elle eût tout donné pour pouvoir retourner sur ses pas, et souffrait de ne pas être arrivée déjà ! Elle avait des visions de bras qui s'ouvrent et se referment, de bouches qui se meurent, de regards qui s'embrasent, s'alanguissent, se ravivent. Mais qu'était-ce donc enfin qui la possédait de la sorte ? Elle ne s'était jamais connue ainsi. Elle pensa aux antiques légendes des enchantements d'amour. Sans nul doute, elle subissait quelque envoûtement, quelque charme. Elle se disait bien, — marchant toujours plus vite, courant presque, — qu'il devait y avoir un moyen de vaincre cet obstiné, cet absurde désir, de se soustraire à une déchéance si longtemps évitée. Mais, non, non, elle n'imaginait rien, se sentait maîtrisée, n'essayait même plus de lutter, courait plus vite...

Comme elle montait la rue Saint-Georges, ses yeux, vaguement, s'arrêtèrent sur l'étalage d'un magasin de modes.

Vingt chapeaux s'accrochaient derrière la vitrine, vifs, éclatants, ailés, pareils à un vol d'oiseaux qui s'agriffe à des branches. Il y avait des « mousquetaires » de feutre noir, d'où pendent de longues plumes, et des toques de loutre, gracieusement chiffonnées, moqueuses, impertinentes, qui ont l'air de vouloir être portées sur l'oreille, et des « coiffes » de satin bouillonné, plus modestes, dont les brides remuent, lentes et douces. De temps en temps, entre des rideaux de soie paille, très légère, qu'une main écartait, on voyait le joli visage pâle de la marchande, qui avançait une tête tout auréolée à la diable d'une courte frisure d'or, et souriait aux passants, et aux passantes, avec des lèvres dont le carmin s'avivait sous le duvet presque invisible d'une petite moustache.

Mme de Ruremonde s'était arrêtée. A cause des chapeaux sans doute. Même quand on va à un rendez-vous, on peut être ravie, au passage, par le délicat éclat d'un oiseau de paradis collant son bec d'émail vert, étageant sa queue de petite comète sur un retroussis de velours.

Elle entra dans le magasin, pour faire quelque

emplette évidemment. Souriante, affairée, la marchande, — à qui ses vagues moustaches seyaient fort bien, en vérité, — allait, venait dans la mignonne boutique tendue de satin mauve, comme un boudoir; et il y avait, au fond, deux tentures qui, s'entr'ouvrant sous le vent de la robe, laissaient deviner plutôt que voir une autre pièce, presque sans jour, soyeuse, mystérieuse, tendre.

Tous les chapeaux, vite retirés de l'étalage, faisaient déjà, sur la table en bois de rose, un pêle-mêle d'ailes vivantes et de fleurs épanouies.

— Voulez-vous essayer cette toque, madame? Elle est tout à fait à la dernière mode et vous ira très bien.

— Non, je ne suis pas coiffée. Essayez-la, je vous prie. Je jugerai de l'effet.

La complaisante marchande se coiffa vivement de la toque.

— Ah! elle est jolie en effet, dit Mme de Ruremonde en espaçant elle-même, du bout des doigts, les petits frisons de l'auréole d'or tout autour du chapeau; et vous êtes adorable ainsi.

Elles se regardèrent, en silence, longtemps, les yeux fixes.

— J'ai d'autres chapeaux, là, dans la chambre voisine, dit enfin la marchande, et si vous vouliez prendre la peine de les voir...

— Très volontiers, dit Mme de Ruremonde.

III

Le soir venu, elle descendait de Montmartre; car elle n'avait pas manqué d'aller chez son valseur de la veille! Un peintre, en effet. Trois heures durant, — tandis qu'il la regardait, éperdu, — elle était restée dans l'atelier, curieuse, furetant, riant aux nymphes étendues sur le sable marin, aux odalisques qui se tordent sur des lambeaux de pourpre ou sur des peaux de bêtes, feuilletant les albums japonais, maniant les bibelots, se mirant dans le miroir de Venise; puis, couchée sur le divan, elle avait écouté, les brides de son chapeau dénouées, une cigarette rose aux lèvres, les tendres et brûlantes paroles de l'artiste agenouillé. Mais pas un sourire trop rapproché de la prière, pas un baiser! Implacablement vertueuse. Tous les refus après toutes les promesses. Et maintenant, elle s'en retournait, laissant derrière elle un désespéré de plus, ravie, triomphante, dans sa fierté d'impassible mondaine et de flirteuse immaculée.

LES TROIS MAITRESSES DE VALENTIN

Un matin, ils cheminaient ensemble dans la fraîcheur de l'air bleu et rose, sous les branches retombantes d'une étroite allée, parmi les petits cris réveillés des oiseaux qui secouent, en s'échappant d'entre les feuilles, un éparpillement de rosée.

Elle se pencha vers lui, et, tout abandonnée, les bras lassés, le cou ployé, les yeux mi-clos : « Stéphane ! » murmura-t-elle avec la languissante et délicieuse tendresse du premier aveu.

Il fit la grimace, mais trouva bon de ne pas avouer son mécontentement.

Un jour, dans le cher boudoir de malines câlines et de satins éteints, où toujours rôde et plane et pèse un peu on ne sait quel tiède parfum de fleur qui serait femme, elle était couchée sur la chaise longue parmi la transparence mousseuse d'un peignoir de dentelles, — l'air d'une baigneuse vêtue d'écume ! — et lui, agenouillé, regardait monter et descendre la rondeur émue, un peu haletante, du buste, ou s'extasiait de voir fleurir, hors de la babouche tombée, la rose-thé d'un talon nu.

Elle l'attira vers elle, et, le baisant dans les cheveux : « Marcel ! » soupira-t-elle d'une voix qui se meurt.

Il se mordit furieusement la lèvre ! mais eut le bon goût de ne pas laisser voir sa mauvaise humeur.

Une nuit, ils s'adoraient ! Dans la chambre bien close, à demi obscure, tendre, où la lampe languit comme une fleur qui meurt d'amour, le désir emporté enseignait tous les baisers à leurs lèvres et toutes les étreintes à leurs bras.

Éperdue, extasiée : « Ah ! Georges ! » s'écria-t-elle.

Cette fois, il bondit et sacra comme un charretier ! Car il ne s'appelait ni Georges ni Marcel, ni Stéphane, puisqu'il s'appelait Valentin ! Et, la voix tremblante de colère, il dit son fait à l'impertinente créature qui, vraiment, choisissait mal ses heures pour faire de telles confusions. Avait-elle donc eu tant d'amants qu'elle savait le calendrier par cœur ? Quant à lui, il voulait être, pour sa maîtresse, lui-même et non quelques autres, prétendait qu'on le nommât comme il se nommait, ne supporterait pas l'humiliation de tant de pseudonymes ; et, après beaucoup d'autres paroles, il conclut qu'elle était une gueuse, en cherchant son chapeau.

Assise sur le bord du lit, et ramenant en lourde torsade tous ses cheveux tombés, elle répondit tranquillement :

— Vous êtes un imbécile.

Et, ce qu'elle lui disait, elle le lui prouva.

— J'ai tendrement aimé Stéphane ! Tendrement et chastement. Nous habitions alors, lui seize ans et moi quinze, dans le faubourg d'une grande ville où la maison de ma mère était voisine de la maison de son oncle. Avez-vous joué aux jeux innocents, étant petit ? Rien de plus exquis, je vous assure. Avec une troupe d'enfants assis en rond sur la route, nous y jouions, le soir, dans la douceur un peu mystérieuse et troublante du crépuscule, pendant que les mamans grondeuses, jacassant entre elles, tricotaient des bas de laine sur le pas de leurs portes ; et je n'oublierai jamais un grand hangar toujours ouvert, où l'on allait, deux par deux, racheter les gages derrière des bottes de paille entassées, parmi les licous et les brides des harnais de charrette accrochés aux murailles. Ah ! je ne suis pas bien sûre de n'avoir jamais laissé prendre à Stéphane deux ou trois baisers de plus que n'en avait ordonné le jeu. C'était là, pendant que des cris d'hirondelles s'endormaient sous l'enchevêtrement poussiéreux des poutres, et qu'il montait de la ville lointaine une incessante et lente rumeur que déchiraient sur le chemin les rires des garçons et des filles, c'était là que nous convenions, furtifs, et si émus, du rendez-vous du lendemain matin derrière la haute haie qui longe le domaine des Ardoises, ou, plus loin, dans la plaine, près de la source que désignent au passant les fûts élancés de trois peupliers fins. Tout jeunes, c'est dans l'aurore qu'on aime ; l'amour, plus tard, se cache dans la nuit. Nous allions, nous tenant par la main, dans la fraîcheur de l'air bleu et rose, sous les branches retombantes, parmi les réveils d'oiselets qui secouent, en s'échappant d'entre les feuilles, un éparpillement de rosée. Souvent, nous ne parlions pas, ne sachant par quelles paroles nous faire comprendre l'un à l'autre notre joie, mais, sans paroles, la comprenant bien. Puis, mille enfantillages, si ingénus que l'on n'ose pas les raconter. Je battais des mains, et je me mettais à danser dans l'herbe, comme une folle, lorsqu'après l'avoir longtemps regardé, j'étais parvenue à apercevoir mon image dans ses yeux. Un jour j'ai pleuré de plaisir, pendant plus d'une heure ! il avait ramassé dans une ornière un petit linot presque sans plumes, tombé du nid, avait cueilli un liseron au buisson du chemin, et m'avait offert l'oiseau nouveau-né dans la fleur fraîche éclose.

Ce récit n'avait rien qui pût être particulièrement agréable à Valentin ; il haussa les épaules, avec un air d'impatience. Mais elle dit : « Ecoutez donc », et, penchée vers les dentelles de l'oreiller, son petit poing sous la joue, elle ajouta, toujours tranquille :

— J'ai aimé Marcel, plus encore ! d'une passion franche et profonde. Après l'amourette, l'amour ; la tendresse vraie de la femme après le rêve de la petite fille. Et de cet ardent et sincère attachement, Marcel était digne, en effet. Car il n'était pas seulement jeune et beau, — ah ! si beau avec son œil fier ! — mais c'était une âme haute et un cœur hardi. On savait ses étranges aventures, superbes comme un noble roman, en France, et, hors de France, dans les pays lointains où il s'était battu en héros pour tous les opprimés et pour tous les misérables. Un juste orgueil d'être à lui me possédait tout entière ; et j'avais aussi des reconnaissances infinies, lorsqu'il entrait, humble et doux, lui, si terrible ! dans le cher boudoir de malines câlines et de satins éteints, et s'agenouillait devant moi, extasié de baiser, hors de la babouche tombée, la rose-thé de mon talon nu.

— Madame ! s'écria Valentin, les poings crispés.

— Eh ! mon Dieu, écoutez encore, dit-elle.

Elle prit une cigarette dans une coupe de bronze japonais qui s'ouvrait comme un lotus vert, l'alluma à la lampe, et reprit dans un envolement de fumée :

— Quant à Georges, je ne sais pas si je l'ai aimé. Je l'ai haï peut-être ! Mais il s'empara de moi, violemment, comme une serre d'aigle agriffe un passereau. Il me tenait, furieuse et rebelle, charmée aussi.

Bientôt ma pensée suivit à vau-l'eau le courant de la sienne. Domptée, pénétrée, absorbée, je voulais sa volonté, je rêvais son rêve ; il n'avait pas même besoin d'ordonner pour être obéi ; à quoi bon une parole ? à quoi bon un signe ? j'avais déjà fait ce qu'il voulait que je fisse. Hélas ! c'est dans la damnation définitive, irrémédiable, qu'il m'a conduite et qu'il m'a laissée. Car il était fatal et adorable. Le vice, et le crime peut-être, tout le mal enfin, mais le mal joli comme une fleur, gracieux comme un oiseau, séduisant comme une femme, c'était lui. J'étais dans un enfer qui était un paradis. Que de choses apprises, en cueillant dans cet exécrable Éden le fruit de l'arbre défendu ! Oui, les amères délices, aiguës comme des souffrances, des joies mauvaises, et les abominables ivresses de la Possession, je les ai connues dans la chambre bien close, à demi obscure, tendre, où, sous la lampe qui languit comme une fleur mourant d'amour, le démon Désir enseignait tous les baisers à nos lèvres et toutes les étreintes à nos bras.

— Assez ! assez, madame ! cria furieusement Valentin. Vous moquez-vous de moi ? Que signifie ceci ? A quoi prétendez-vous en venir ? Dites vite, parlez.

Elle eut un joli sourire.

— A quoi je prétends en venir ? A ceci, qui est tout simple. Vous m'en voulez de vous avoir appelé, tour à tour, Stéphane, Marcel, Georges ? Ah ! monsieur, vous devriez m'en être fort reconnaissant, au contraire.

Elle continua, en épanouissant son sourire :

— Comment! vous qui êtes, à vrai dire, un personnage assez banal, vous vous fâchez parce que j'ai eu le caprice, et la clémence, de retrouver en vous les trois êtres exquis ou singuliers qui furent mes trois amours? Avez-vous les puérilités sacrées, les tendresses ingénues de l'adolescent épris qui, pour plaire à la bien-aimée, fait des bouquets de fleurs des champs, toutes mouillées de rosée comme une bouche après le baiser, et qui donne aux petits oiseaux des liserons pour nids? Non, certes; et, pourtant, je vous ai appelé Stéphane. Avez-vous bataillé dans quelque belle guerre pour les vaincus et pour les faibles? où sont vos glorieuses blessures? est-ce que les femmes troublées disent, quand vous passez : Celui-ci est un héros? Pas le moins du monde; et, pourtant, je vous ai appelé Marcel. Êtes-vous le diable seulement? êtes-vous un monstre dangereux et séduisant, qui perd et qui charme les âmes? savez-vous le chemin des paradisiaques enfers? Ah! monsieur, point du tout, je vous assure, bien que je vous aie appelé Georges. Vous gagnez donc infiniment à ne pas être vous-même ! Mais vous ne devriez pas seulement être fier des petites confusions innocentes qui vous choquent; vous en devriez être heureux. Vous ne comprenez pas? Que vous avez l'esprit et le cœur peu subtils ! Ne savez-vous point que les femmes changent d'être en changeant d'amour, qu'elles deviennent autres avec d'autres amants? Tant pis pour vous si vous n'avez point eu l'instinct de vous en apercevoir : mais, croyez-le, toutes les chastetés premières refleurissaient en moi, — primevères d'automne, — pendant que je marchais dans l'allée pleine d'aurore, appuyée sur votre épaule, — et sur celle de Stéphane ; je me sentais le cœur plein d'une passion franche et profonde, le jour où vous étiez agenouillé, comme Marcel, dans le boudoir de satin et de dentelles ; et, ce soir, vous êtes entré dans la chambre bien close, et tendre, — vous ou Georges c'était tout un, — d'une personne aussi parfaitement endiablée que possible ! En vérité, monsieur, je vous le dis, il faut me savoir gré de mes trois souvenirs, puisqu'ils vous donnent trois maîtresses.

MADEMOISELLE ANTIGONE

I

Geneviève est la petite-fille d'un très vieux homme de lettres, presque illustre autrefois, à peu près oublié maintenant, mais que l'on aime encore quand, par hasard, on se souvient de lui. Il fut éclatant et superbe ! il mêla son audace aux témérités généreuses du commencement de ce siècle, prit sa part de péril dans la bataille, eut sa part de gloire dans le triomphe. En même temps que célèbre, il était beau, avec une impertinence fantasque ; oseur dans sa parure, lui aussi, autant que dans ses vers, laissant flotter ses longs cheveux blonds qu'on eût dit soulevés d'un souffle de lyrisme, montrant, dans les couleurs de ses habits, les brusques et violents contrastes des antithèses romantiques, il imita, un peu banal, les héroïques Jeune France. Aventureux, d'ailleurs, comme un poème de cape et d'épée, il eut vingt amours étranges et fameuses, monta, par des échelles de soie, à des fenêtres entr'ouvertes, non sans avoir entre les dents, en cas de mari incommode, l'acier de quelque lame rapportée de Tolède ! Vieilles folies, rimes vieillies. Il est petit, courbé, penche sur une épaule sa tête qui ballotte, laisse pendre sa lèvre, ferme à demi les yeux, et, tout chétif, quand une toux le secoue, il a autour du front des éparpillements de chevelure blanche, pareil à un arbrisseau d'hiver dont le vent disperse la neige. Quelquefois, — quand il y a là de jeunes hommes de lettres, — le souvenir des anciennes luttes et des antiques renommées se rallume dans ses ternes yeux, sa parole abonde, sonore, hautaine, se répand en glorieuses histoires : le petit vieux se dresse en beau vieillard ! Mais ce sont de brèves résurrections. Il quitte rarement son fauteuil près du poêle, l'hiver, devant la fenêtre, l'été, ne parle guère, n'entend plus, mâchonne, par instants, on ne sait quels mots, a l'air mécontent, toujours, tremblotte, bave, bâille, s'ennuie, s'endort. Geneviève vit seule auprès de son grand'père, le soignant et le consolant. Elle ne se mariera pas, pour être toute à son devoir. Elle est bonne, simple, auguste.

II

Geneviève a dix-huit ans. Toutes les grâces sont dans ses gestes, toutes les musiques dans sa voix. A la transparence de sa peau, plus pâle sous l'or doux des cheveux, se mêle ce bleu vague qu'ont les blancheurs immaculées. Il reste un peu de ciel dans la neige. Sa bouche aux lèvres fines ressemble à une fraîche rose, et les dents y mettent une rosée de perles. L'azur presque vert de ses grands yeux calmes, qui ne se troublent pas, est infini; il y passe des rêveries, comme une volée de cygnes. Mais elle n'est pas belle seulement. Elle a ce charme suprême, presque divin : la pureté. On voit des arbres, au printemps, si tendrement verts de feuilles nouvelles, si blancs de petites fleurs timides, que jamais aucun oiseau sombre ou de fâcheux augure ne doit venir s'y poser ; jamais une mauvaise pensée n'a frôlé le front de Geneviève. Les paroles qu'elle dit, rares, peureuses, douces, ont le son de cristal des ingénuités parfaites, laissent entrevoir de saintes ignorances. Elle est la candeur elle-même, visible, incontestable, qui confond le désir, permet à peine l'amour ; lorsqu'elle paraît si chastement jolie, grande, svelte, un peu pâle, aucun poète païen ne pourrait, en un vers, l'adorer, — non, pas même Virgile ! — car sa démarche n'est point d'une déesse, mais d'un ange.

Telle est l'évidence de sa pureté, que jamais soupçon n'a pu atteindre cette enfant sans mère, vivant seule, presque libre, auprès d'un vieux qui la garde mal.

Quelques méchants, à voix basse, essayent d'insinuer que le grand-père est pauvre, très pauvre, ayant pour unique ressource une petite pension de la Société des gens de lettres ; qu'il y a cependant quelque luxe dans le logis, meubles confortables, çà et là des bibelots précieux ; que Geneviève porte des toilettes d'où la modestie n'exclut pas une certaine recherche coûteuse ; des dépenses, enfin ; où prend-elle l'argent? Ce qui est certain, c'est qu'elle n'a jamais travaillé ; la légende de sa collaboration, sous un pseudonyme, à des journaux de mode, est parfaitement absurde : il y a un mystère dans l'existence de Geneviève.

Mais on fait taire ces mauvaises personnes ; on

leur dit : « Y pensez-vous ? » Le monde parisien, peu respectueux des choses et des gens, entoure d'une vénération attendrie le belle et pure fille, qui se dévoue, si jeune, à un vieillard ; et c'est mademoiselle Antigone qu'on l'appelle, avec des sourires où l'ironie n'est pas méchante.

III

Une fois, Justin Bernier n'y tint plus ! Depuis un an, il adorait Geneviève, n'osant pas lui dire, osant à peine la regarder. Mais, aujourd'hui, emporté par une tendresse exaspérée enfin jusqu'à la passion, il aurait du courage. Il irait chez elle, s'agenouillerait, lui crierait : « Je vous aime ! » Il ne se laisserait pas intimider par le clair regard calme de la jeune fille, ce regard si ingénument fixe, qui a l'innocence des yeux d'un nouveau-né. « Je vous aime ! Je vous aime ! » Et pourquoi ne l'épouserait-elle pas ? Il était jeune, avait eu une médaille au dernier Salon, n'était pas sans fortune. Le grand-père? Eh! on ne l'abandonnerait pas. On serait deux à le choyer, à veiller sur lui. Et puis, il s'inquiétait bien du vieux! Il aimait Geneviève et voulait en être aimé : voilà de quoi il s'agissait, de cela seulement. Il courait par les rues, coudoyant les passants ; dans l'escalier, il dut s'arrêter, hors d'haleine.

Le grand-père dormait dans la salle à manger, près du poêle ; Justin fut introduit dans le salon ; la servante lui dit : « Mademoiselle va venir tout de suite. »

Il était charmant, quoique sévère, ce salon. Petit, l'air d'un boudoir grave, avec des tentures éteintes, où le jour ne transparaissait pas, avec des fleurs çà et là, qui souriaient rêveusement dans les coins pleins d'ombre, il était doux, attristé, calme, isolé, comme lointain. C'était bien là qu'elle devait vivre, Geneviève, douce aussi, calme aussi, solitaire. Justin sentait autour de lui cette présence invisible que le long séjour d'une personne laisse dans un lieu familier. Le dessin, un peu morne, des meubles, rappelait des attitudes résignées, des accoudements songeurs, et, dans la glace profonde, bleuie par la pénombre, il y avait l'infini des yeux qui s'y étaient mirés, comme il y avait dans ces fleurs frêles, blanches, peureuses, qui se cachaient, tout un épanouissement timide de pures rêveries. Extasié d'être environné d'elle, il allait, venait, à pas sourds, regardait, touchait. Dans une bibliothèque de bois noir, peu de livres : des poètes seulement, ceux qui ont chanté avec le plus d'immatérielle ivresse les délices de l'amour sans baiser ! Quelques cadres aux murs ; des aquarelles, des pastels, des dessins au crayon rouge : parmi de vagues nuées, des anges s'envolaient, ouvrant des ailes pâles, fluides comme l'air ; de jeunes filles penchées vers l'eau regardaient fuir dans le courant le reflet de leurs pensées ; plus loin, des enfants priaient, agenouillés dans une église, devant une statue de la vierge Marie qui, d'un lys, montrait les étoiles. Ils étaient de Geneviève, ces dessins, ces peintures, et Justin Bernier, étonné, charmé, se demandait quel artiste, plus habile et moins innocent, aurait pu mettre autant de dévotion sincère, dans une église, devant Marie, autant de candeur dans la transparence de l'eau, autant de paradis dans le ciel.

Il s'arrêta près d'une petite table, comme blottie dans un coin plus obscur ; là se dispersaient, dans le désordre du travail interrompu, des croquis, des feuilles manuscrites, des feuilles imprimées aussi, où l'on voyait des ratures.

Sa curiosité était coupable ; mais il brûlait du désir de savoir ce que Geneviève dessinait, ce qu'elle écrivait, quand il était venu.

Et puis, lui aussi, il s'était inquiété parfois, malgré son amour, du mystère qu'il y avait dans la vie de Geneviève. A quel travail se livrait-elle pour payer le bien-être dont le grand-père était entouré? faisait-elle des aquarelles vendues à vil prix sans doute? écrivait-elle en effet dans des journaux de mode? Justin pensa qu'un regard jeté sur ces papiers en désordre lui apprendrait peut-être la vérité.

Le salon étant peu clair, il dut se pencher pour voir.

Il put à peine retenir un cri d'horreur! ces croquis, c'étaient des ébauches d'infâmes priapées; les lignes qu'il lut, — ces lignes d'une longue et fine écriture de femme! — décrivaient avec des mots abjects les plus monstrueuses scènes d'une abominable débauche et, tremblant, se croyant fou, éperdu, il reconnut que les feuilles imprimées, — corrigées par Geneviève! — étaient les épreuves d'un livre célèbre et immonde, dont un éditeur belge annonçait la publication prochaine.

IV

Quand Geneviève entra dans le salon, Justin n'était plus là. Il s'était enfui, épouvanté. Elle ne s'étonna point de cette disparition ; on le disait fantasque. Mais, en approchant de la table, elle eut un frisson et pâlit. Imprudente ! dans sa hâte, elle n'avait pas songé à ces papiers. Peut-être les avait-il vus ? Elle se rassura peu à peu ; le salon était sombre. Elle demanda une lampe. Puis, assise, penchée sous l'abat-jour, l'or doux de ses cheveux illuminant la clarté, elle se remit au travail, paisible, un pur sourire aux lèvres, levant parfois, avec l'air de demander conseil à quelque divin inspirateur, l'azur presque vert de ses grands yeux calmes, infinis, où, comme une volée de cygnes, passent des rêveries.

LA CONSEILLÈRE

Dès qu'elles furent assises dans le boudoir de velours rose, aux teintes exquisement fanées, tout imbu d'odeurs tendres, comme une serre dont les fleurs sont des femmes, Mme de Portalègre prit entre ses longues mains les jolis doigts potelés de la comtesse, et lui dit en avançant les lèvres dans un sourire de carmin encore frais, car elle venait à peine d'achever son maquillage du matin :

— Mais vous êtes émue, vraiment ! Qu'y a-t-il donc, chère petite ? Ne vous troublez pas, parlez, dites tout. Je suis sûre que ce tout-là ce n'est guère. Il faut que vous ayez confiance en moi. Je vous aime d'une façon surprenante. D'abord parce que vous êtes jolie et fraîche comme un

Chaplin. Vous connaissez la Jeune Fille aux Églantines! C'est vous, tout à fait. Puis, on sent que vous avez une conscience ingénue autant que votre visage est pur. C'est quand le cœur ne bat pas que les yeux ne sont pas battus. Mariée depuis deux mois seulement, on a toute l'innocence d'avant, avec un peu d'effroi en plus. Et vous venez d'un couvent de province! Peut-être vouliez-vous prendre le voile? Il vous reste une vague odeur d'encens; vous êtes une fleur de chapelle, toute mouillée encore d'eau bénite. Aussi, coquette et mondaine comme je suis, une rose artificielle parfumée d'opoponax, et presque vieille déjà, — trente et un ans, ma mignonne! — vous m'étonnez absolument, ce qui fait que je vous adore. Je vais m'en aller, cela m'intéresse de vous voir venir. Conscrit! je suis votre colonel; et je veux bien, moi-même, vous apprendre l'exercice, car c'est un conseil que vous venez me demander, n'est-ce pas?

— Hélas, oui! madame, dit la petite comtesse en joignant les mains par une habitude de pensionnaire dévote.

— Demandez. Vous savez que, nous autres, nous ne porterons jamais les corsages-maillots? C'est indécent; on dirait qu'on s'est habillée pour faire des tours sur un trapèze. Les toques béarnaises non plus; cela donne un air d'étudiante. Un instant, j'avais imaginé des robes sans ceinture, presque des frocs, et, sur la tête, un capuchon de bure, en satin.

Vous comprenez, à cause des bons Pères qu'on a expulsés. Une protestation. C'était presque décidé. Mon directeur — je me confesse à Saint-Philippe, et vous ? — mon directeur approuvait absolument la chose. Mais avouez qu'il aurait été bien dur de se fourrer dans une espèce de sac...

— Ah ! madame, il s'agit d'une chose très sérieuse.

— Sérieuse ? pour de vrai ? Je vous demande pardon, ma mignonne. Allons, parlez, j'écoute.

— C'est très difficile à dire !

— Je ne peux pourtant pas deviner.

— Eh bien, madame, avoua la comtesse en cachant dans ses mains sa petite figure plus rose, il paraît que je me suis affreusement compromise !

— Comment ! déjà ? s'écria Mme de Portalègre.

— Déjà. Mon mari prétend que je suis une extravagante ; ma belle-mère assure que ma conduite a été remarquée par tout le monde, et que c'est fini, et que jamais plus je ne serai reçue dans une maison honorable.

Elle pleurait presque, la petite comtesse.

— Eh ! mon Dieu, qu'avez-vous pu faire de si terrible, mon enfant ?

— Je ne savais pas que c'était mal. Vous aviez raison tout à l'heure : je sors du couvent, et l'on ne m'y a appris rien de ce qu'il faut savoir. Enfin, voici : Avant-hier, chez Mme de Soïnoff... vous savez qui je veux dire ?

— Mais oui, c'est ma cousine.
— J'allais au bal pour la première fois. J'étais bien troublée, je vous assure. Cela fait un singulier effet, tous ces yeux, toutes ces lumières, qui regardent vos bras, vos épaules !
— Vous vous habituerez.
— Enfin, je n'avais pas du tout la tête à moi, et j'ai dansé trois fois de suite...
— Avec le même danseur ?
— Oui !
— Une imprudence. Qui était-ce ?
— M. de Puyroche.
— Aurélien de Puyroche ?
— Non, son frère, celui qui n'est pas décoré.
— Il est très bien. Circonstance aggravante.
— Ce n'est pas tout. Après une valse, j'ai accepté son bras pour aller au buffet. Nous y sommes restés très longtemps ! je buvais du champagne pendant qu'il me racontait une foule de choses qui me faisaient rire. C'était bien amusant. Mais voilà, des gens avaient les yeux sur nous ; et Mme de Soïnoff a dit tout haut, en passant : « C'est de la dernière inconvenance. »
— Elle avait raison.
— Comment ! vous aussi, vous êtes de son avis ?
— Il le faut bien, ma pauvre belle. Mais jusqu'à présent je ne vois pas du tout en quoi je puis vous être utile, moi ? J'attends, expliquez-vous.

— Oui, je m'expliquerai ! reprit la comtesse d'un petit ton résolu. Écoutez. Je ne suis pas si niaise qu'il semble. Je regarde, et je vois bien des choses. Tenez, à ce bal, il y avait des femmes qui ont dansé toute la soirée avec le même cavalier ; pendant la valse, elles levaient beaucoup trop haut leurs bras sans manches, — est-ce que c'est convenable, cela ? — et elles riaient tout près de la bouche de leur danseur, et elles se penchaient sur lui, toutes décolletées, de sorte qu'il n'avait qu'à baisser les yeux... Au buffet, — je m'en suis bien aperçue, allez ! — la marquise de Poléastro ne cessait pas de boire, avec un air de se tromper, dans le verre d'un capitaine d'état-major qui était derrière elle, et qui lui parlait toujours à l'oreille. Et vous me direz peut-être que Mme de Soïnoff n'est pas restée une heure dans l'embrasure d'une croisée avec ce grand jeune homme russe qui, plus tard au cotillon, s'est jeté à genoux pour lui baiser sa bottine ?

— Voyons, voyons, ne vous mettez pas en colère. Tout cela est vrai.

— Alors, pourquoi ne dit-on pas de mal de ces femmes, qui font bien pis que je n'ai fait ? Car, enfin, il a été très convenable, M. de Puyroche. Et pourquoi suis-je compromise, puisqu'elles ne le sont pas, elles ?

Mme de Portalègre avait pris un air presque doctoral, imperceptiblement ironique ; vous auriez pu vous souvenir de Méphistophélès répondant à l'écolier Wagner.

— Ma mignonne, ce que vous venez me demander, est-ce le moyen d'agir à sa guise, de faire tout ce qui plaît, sans que le monde y trouve rien à redire ?

— C'est cela ! oui.

— Cette consultation, vous voulez que je vous la donne, vous le voulez, sérieusement ?

— Je le veux.

— Et vous ne vous étonnerez pas, vous me le promettez ? de l'étrangeté un peu terrible du moyen ?

— Non, dit la comtesse, décidée.

Après un silence, Mme de Portalègre reprit, solennellement :

— Sachez donc que, pour n'être jamais plus compromise, il faut, dès son entrée dans le monde, se compromettre une fois pour toutes, non pas à demi, ni d'une façon furtive, avec un air d'être surprise en faute bien malgré soi, mais ouvertement au contraire, effrontément, définitivement.

— Ah ! mon Dieu ! s'écria la petite femme, secouée d'un frisson, que dites-vous là ? C'est épouvantable, et immoral tout à fait. Puis, on doit être perdue à jamais... Est-ce que la société ne vous méprise pas ? Est-ce qu'une honnête femme, après ce scandale public, consent à vous avoir pour amie ?

— Les commencements ont quelque chose de pénible, je l'avoue. Mais que peut-on faire, à Paris, même dans notre monde, qui bientôt ne s'oublie, ou du moins ne se perde dans la foule de tant d'autres souvenirs ? Très vite les portes fermées se rouvrent, les sourires d'accueil reparaissent, aussi gracieux que par le passé, et de la violente aventure qui, pendant une heure, vous a déconsidérée, il ne vous reste qu'une réputation de femme excentrique, grâce à laquelle vous pourrez désormais tout oser sans que personne songe à y prendre garde. On est originale, téméraire, un peu folle, tout le monde le sait, c'est une chose convenue, il n'y a plus à revenir là-dessus, c'est à prendre ou à laisser, et on ne laisse pas celles qui sont belles et riches ! Il y a quelque rapport entre mon procédé et la vaccine ; plus de dangers après le premier péril. Je vous demande un peu pourquoi on s'occuperait de la façon dont une femme met son bonnet, quand il est avéré qu'elle l'a jeté par-dessus les moulins ? Oui vraiment, pour celles qui n'ont pas reculé devant un premier scandale bien hautain, bien complet, il n'y a plus qu'un scandale à craindre : celui que produirait un retour à une vie régulière et bourgeoisement monotone.

— Madame... votre procédé... est-ce que vous l'avez employé, vous ?

— Ah ! vous êtes curieuse ! En tout cas, vous voyez, ce que j'ai pu faire est oublié, puisque personne ne vous en a parlé. Et moi-même, pensez-vous que je m'en soucie? Oui, oui, il est possible, je ne dis pas non, qu'un jour, il y a très longtemps, je me sois laissée emporter à quelque extravagance ; je suis peut-être allée, — oh! une fois! — au café Anglais, à un souper d'hommes, et le secret a été mal gardé ; je ne nierais pas absolument, si quelqu'un de bonne foi l'affirmait, qu'on m'ait vue, sans voilette, dans une baignoire de petit théâtre, avec un ténor qui partait le lendemain pour Saint-Pétersbourg... Ah! mais si, au fait, je me souviens, j'ai eu toute une aventure : j'ai plaidé avec mon mari, en séparation! On en a énormément parlé pendant huit jours. Aujourd'hui, qui donc sait tout cela? Je suis une des vingt femmes excentriques que Paris admet, et celui qui se rappellerait les vieilles histoires serait pis qu'un impertinent, ce serait un sot.

La petite comtesse écoutait, tout effarée.

— Et, reprit-elle, dites-moi, je vous en prie, vous êtes sûre qu'il n'y a pas d'autre... moyen?

Mme de Portalègre allait répondre : Non. Mais elle la regarda, si jeune, si douce, avec une petite peur si ingénue dans les yeux. Elle demeura silencieuse, un long moment. Enfin, se rapprochant d'elle, et d'une voix plus douce, elle dit, sincèrement attendrie :

— Si, mon enfant, si, il y a un autre moyen, et celui-là, c'est le meilleur! Voyez-vous, le monde n'est pas si mauvais qu'il semble ; d'ailleurs, même quand il est cruel, il médit plus qu'il ne calomnie : sa méchanceté manque d'imagination. C'est bien simple, ce que je vais vous dire, mais c'est bien vrai : soyez estimable, on vous estimera. Ne dansez pas trop souvent avec M. de Puyroche, ni avec d'autres ; aimez votre mari, ayez beaucoup de jolis enfants, et n'enviez jamais, croyez-moi, celles qui *ne peuvent plus* se compromettre !

Mme de Portalègre n'a pas répété la fin de cette conversation. On ne sait pas non plus ce qui en est résulté. Pour ce qui est de moi, j'aime à être persuadé que, des deux conseils, c'est le second que la petite comtesse a suivi.

JEUNES MERES

S'il est un amour délicieusement pur, exquis à la fois et sublime, qui fait venir des larmes dans les yeux des poètes attendris et charme les anges gardiens eux-mêmes, étonnés d'un autre paradis, c'est l'amour d'une jeune mère pour l'enfant rose et blond qui va, vient, saute, se pose, babille et gazouille, et, se retournant dans un coin de la chambre avec un mouvement d'épaule en colère, fait une moue de petite fraise fâchée derrière tous ses cheveux mêlés. O bestialité divine de l'adorable femelle humaine ! A l'épouse, à l'amante, en qui sont toutes les tendresses de l'âme, raffinées ou exaspérées par les artifices qu'invente la volonté d'être plus heureuse et de rendre plus heureux, la nature a donné par surcroît le seul des instincts animaux qui n'est pas morne et vil. L'homme observe l'enfant, l'instruit, le conseille, mais la femme seule, dans l'irréflexion de sa joie, aime l'être issu d'elle, chair de sa chair, sang de son sang ! Déesse, elle est la chienne ou la louve traînant ses petits après soi, mais elle l'est avec tant de bel orgueil et d'emportée passion qu'elle n'en est que plus déesse en effet. L'allaitement ne ravale pas le sein où s'ensommeillent toutes les douleurs, et l'enfantement glorifie le flanc doux et sacré. O vierges qui nous donnerez des fils ! la réalité qui est en vous n'avilit point ce que vous avez d'idéal ; les fatalités de votre corps exaltent et divinisent les destinées de votre âme. Et, s'il n'est pas de plus adorable spectacle que celui d'une jeune femme riant à son enfant, il n'en est pas de plus joyeusement magnifique ou de plus superbement terrible que celui d'une mère emportant son fils d'un danger ou le disputant, effrénée, à la mort, dans le berceau qui râle.

Mais la Parisienne, irréconciliable ennemie du vrai, éprise des mensonges et des ruses au point qu'elle consentirait à se rendre laide plutôt que de rester soi-même, ne devait pas s'accommoder longtemps de l'instinct maternel, auguste et simple. Il a fallu qu'avec un art diabolique, — on fait son cœur comme on fait son visage ! — elle raffinât, élégantisât, modernisât, — idéalisation à rebours, — la plus naturelle des tendresses. Aimer comme les autres mères, le pouvait-elle, puisqu'elle n'était pas pareille aux autres femmes? La prenait-on pour quelque violente et sincère Flécharde, serrant contre elle ses enfants, furieuse, dans les halliers, et ne mangeant qu'après eux, comme les lionnes? Ressemblait-elle à ces compagnes de marins, robustes, hâlées, qui attendent, sur la grève, le soir, le gars déjà pêcheur, et l'embrassent, rudement joyeuses, avec de gros baisers sur les joues? Des baisers, certes, et mille caresses, — trop de caresses! mais des baisers qui se souviennent d'un autre emploi de la bouche; des caresses où s'alanguissent, si gracieusement, hélas! des réminiscences d'autres étreintes; et l'enfant dorloté, paré, enjolivé, mis dans la ouate d'une perpétuelle cajolerie, toujours là, mêlé à la vie, partageant le bain, assistant à la coiffure, pas renvoyé quand on met le corset de satin rose ou les bas de soie noire, respirant l'odeur des pots de fard ou des veloutines envolées, puis, la toilette achevée, glissant sur la traîne des robes, ou se fourrant la tête dans les dentelles du peignoir! De sorte qu'en vérité, beaucoup de jeunes mères sont devenues, sans le savoir, des monstres.

« Où est Bébé? Comment! Bébé n'est pas prêt encore? Ah! le voilà. Viens ici, mignon, qu'on te voie. Mais on n'a pas idée d'un enfant fagoté comme cela! A quoi pensez-vous, Clémentine? Vous lui mettez sa jaquette bleue, juste le jour où j'ai ma robe verte. D'abord, le bleu ne me va pas du tout. Approche-toi, chéri. Ton col te monte jusqu'aux oreilles, et tu as la peau si blanche qu'il ne faut pas la cacher. Tu sais, tu me trouves plus jolie, quand je suis décolletée. Tu as les yeux rouges? Tu as pleuré? Attends, un peu de poudre de riz. Oh! le petit coquet! il aime cela. C'est bon, dis, la houppe qui vous passe sur la joue? Veux-tu bien ne pas toucher au crayon pour les yeux! Voyez donc : monsieur se maquille, à huit ans! Allons, c'est fini, baise-moi, — pas si fort! tu m'enlèves mon blanc de perle, — et allons-nous-en vite. » Là-dessus, Mme de Ruremonde emmène son fils. Où vont-ils? chez le couturier d'abord. Bébé se connaît fort bien en toilettes. Il donne son avis. « C'est très joli, ces garnitures. » Il reste là pendant qu'on essaye. « Pour sûr, tu n'es pas maigre comme Mme de Portalègre, toi! » La mère rit de tout son cœur. « Alors, elles ne te plaisent pas, les femmes maigres? » Et, se penchant, elle l'attire vers elle, lui tient longtemps la tête sur son épaule, en lui baisant les yeux. Après, c'est l'heure du Bois. Depuis que Bébé est revenu de nourrice, Mme de Ruremonde ne met plus son griffon dans la voiture, sur l'un des coussins de devant. Un enfant, c'est mieux. Cela parle, cela fait des remarques très drôles. « Dis donc, maman! ce monsieur qui salue, il ne vient plus nous voir, pourquoi? — Ah! tu as remarqué cela, trésor? » Elle lui rit tout près du nez, en montrant toutes ses dents. Quelquefois on s'arrête au restaurant de la Cascade, avec Mme de Valensole, rencontrée par hasard. Bébé demande du champagne ! Ma foi, on lui en laisse boire ; quelques gouttes seulement ; ça ne peut pas lui faire de mal. Revenue à l'hôtel, Mme de Ruremonde s'habille pour un dîner pendant que Bébé, un peu gris, ne veut pas s'endormir dans les dentelles du petit lit qui est dans le cabinet de toilette. Il vient, pieds nus, en chemise, dans la chambre. Il veut voir la belle robe de « maman », et la mère, dans la triomphante splendeur des satins et de la chair, se tourne vers lui, ravie, en disant : « Tiens ! regarde ! Est-ce que je suis à ton goût, mignon ? »

D'autres sont plus terribles ! inconscientes sans doute ; se rappelant peut-être le stratagème coupable de ces peintres, qui, plus infâmes que les artistes franchement érotiques, et peignant de fortes Transteverines aux beaux seins tout escaladées d'enfants, trouvent dans la maternité un prétexte à la nudité.

Pendant que Bébé joue dans un coin du boudoir, M. de Nérici, avec une ardeur timide, — car il est véritablement amoureux, — contemple la belle mondaine, étendue, un sourire languissant aux lèvres, dans la paresse du fauteuil.

Qu'elle veuille lui être éternellement cruelle, il ne le croit pas, car, résolue à être barbare, aurait-elle à la bouche cette clémence attendrie et, dans les yeux, cette promesse mourante d'un doux consentement ?

Mais il hésite, s'approche à peine, n'ose pas ; c'est un long silence où l'on entend, comme un bruit lointain, étouffé, d'ailes en cage, le battement des cœurs.

Alors, non sans un air d'impatience, elle appelle Bébé ! Et voici que l'enfant, joli, rose, bras nus, jambes nues, s'assied sur les genoux de la mère, tâtant de ses petites mains les étoffes bien remplies, caressant le cou gras et rond, soufflant dans les mignonnes oreilles, défaisant, l'espiègle, les frisons qui se déroulent jusqu'au bord un peu bistre des yeux, dégrafant quelquefois, avec l'audace de l'innocence qui joue, les premiers boutons du corsage, confrontant, sans le faire exprès, à la blancheur potelée de ses bras la peau d'un commencement de poitrine, aussi blanche.

Toutes les aiguilles de la convoitise piquent à tous les pores M. de Nérici éperdu ! Sa fortune, sa vie, il les donnerait pour être, un seul instant, ce petit être qui rit, ingénu, dans les bras de l'exquise créature. Mais son désir n'ose pas encore s'exprimer ; et il mord ses lèvres, muettes.

Elle, comme en un élan d'insatiable tendresse, elle embrasse furieusement son fils, dans les cheveux, sur le front, dans le cou, sur les lèvres ! De délicieux froissements de caresses bruissent dans l'étreinte des glissantes étoffes ; et toujours le baiser s'acharne, passionné, presque farouche, mourant aussi...

Cette fois une flamme s'est allumée dans les yeux de M. de Nérici ; il comprend, il sait, il ne peut plus ne pas savoir que la jeune femme l'aime autant qu'elle est aimée de lui ; ces baisers qu'il envie désespérément, il n'a qu'à les demander, — il en est sûr, — pour les obtenir, et il les obtiendra, ardents et savants, dès que Bébé ne sera plus là, — si on prend la peine de le renvoyer !

Maintenant, ô mères sacrées, qui avez conservé, intact, le sublime instinct maternel, je vous demande pardon. Je n'aurais pas dû, dans ces contes amers, parler de la plus douce et de la plus pure des tendresses, même pour en signaler la perversion coupable. Cependant ce que j'ai dit devait être dit. Si l'on veut que les petits hommes deviennent des hommes, il est temps que les mondaines et les flirteuses emmènent au Bois et chez le couturier leurs griffons blancs au lieu de leurs bébés roses, et que les berceaux ne soient plus aussi près des lits.

TABLE

	Pages.
Mademoiselle Laïs	1
Narcisse Dangerville	12
Rose Flaman	27
Le Mari de Léo	37
Madame de Portalègre	45
L'homme de lettres	55
Marthe Caro	63
Félix Gargassou	75
La Femme et le Mari	90
Clémentine Paget	103
L'amoureux de Mademoiselle Massin	112

	Pages.
La mère d'acteur	120
Ariste Vincelot	134
La duchesse de Couarec	144
Hilaire Florent	151
Mademoiselle Zuleïka	161
L'emprunteur	169
Adrienne	179
Madame de Portalègre	188
Madeleine Judas	198
La petite Thomassen	205
La marquise Faustine	214
Mademoiselle Abisag	223
Le directeur de théâtre	232
Caroline Fontèje	241
L'éducatrice	249
Madame de Valensole	258
Madame de Ruremonde	266
Les trois maîtresses de Valentin	274
Mademoiselle Antigone	282
La conseillère	291
Jeunes mères	300

Paris. — Société d'imprimerie Paul Dupont (Cl.) 64.4.82.